SANDRA SCHULZ

MONSTER TOUREN

Wie ich herausfand, dass
Familiencamping fröhlich macht,
auch wenn es nicht immer lustig ist

PENGUIN VERLAG

Penguin Random House Verlagsgruppe FSC® N001967

1. Auflage
Copyright © 2024 by Penguin Verlag
in der Penguin Random House Verlagsgruppe GmbH,
Neumarkter Straße 28, 81673 München,
und SPIEGEL-Verlag Rudolf Augstein GmbH & Co. KG,
Ericusspitze 1, 20457 Hamburg
Umschlaggestaltung und -abbildungen: www.buerosued.de | München
Satz: KCFG – Medienagentur, Neuss
Druck und Bindung: GGP Media GmbH, Pößneck
Printed in Germany 2024
ISBN 978-3-328-11089-7

www.penguin-verlag.de

Inhalt

VORWORT –
Auf der Strecke geblieben

Warum muss man den Mulch fürchten? Wieso unterhalten sich Menschen so gern, während sie mit ihrer Chemietoilette unterwegs sind? Können Wohnmobile Ehen zerstören?

Das sind Fragen, die ich mir lange nicht gestellt habe – so lange, bis ich anfing zu campen.

Ich habe nie davon geträumt, ein Wohnmobil zu haben. Aber jetzt ist es da und wartet. Auf mich, auf uns. Es wartet, dass die nächste Reise beginnt, in den Spessart oder an die Atlantikküste, auf den Campingplatz oder auf eine Löwenzahnwiese. Unser Monster gehört zu uns, und die Beziehung zu diesem Fahrzeug ist eine besondere, genauso wie unsere Familie.

Wir – das bin ich, die Anti-Camperin, die einen Camper heiratete. Das ist mein Mann, der mich genauso liebt wie unser Wohnmobil, und das ist unsere Tochter, die es vom Brutkasten auf den Strandparkplatz geschafft hat und am liebsten frühmorgens durch die Dachluke spricht. Mehr als die Hälfte ihres Lebens ist sie mittlerweile Camperin, mit Downsyndrom und Matschhose. Und vielen liebenswerten Eigenarten.

So habe ich immer angenommen, jedes Kind habe Interesse, wenn nicht sogar Begeisterung für Tiere. Aber wenn ich während der Fahrt rufe: »Schau, eine Kuh! Schau, ein Pferd!«, verzieht unsere Tochter keine Miene. Anders sieht es aus, wenn wir an Parkplätzen und Einfahrten vorbeirollen. »Mama, Womo, da!«, ruft unsere Tochter freudig, wenn sie wieder eines hinter ihrer Fensterscheibe entdeckt hat. Ich denke, es ist nicht übertrieben zu sagen: Wohnmobile sind eine Kategorie des Lebens für sie.

Und damit geht es ihr wahrscheinlich wie Ihnen. Oder sind Sie noch nicht so weit? Überlegen Sie noch, ob Sie vielleicht mal ein Fahrzeug mieten sollten oder sogar kaufen? Fragen Sie sich, ob Sie überhaupt der Typ dafür sind?

Eines müssen Sie sich von Anfang an klarmachen: Ein Wohnmobil macht Arbeit. Und gerade am Anfang, nach der ersten Euphorie, ist man mit der Fehleranalyse beschäftigt, führt Mängellisten, pocht auf Gewährleistung. Es soll Leute geben, die die erste Nacht vor dem Hof des Händlers verbringen, um bei Tagesanbruch reklamationsbereit zu sein. Wir hatten immerhin einen Babysitter besorgt, um das Wohnmobil in Ruhe abzuholen, und ich weiß noch, wie ich mir bei der Einweisung eifrig Notizen machte, während mein Mann nur fachmännisch nickte.

Dann das erste Fotomotiv: Mein Mann tankt. Es ist eine ganze Serie geworden. Auf Bild vier oder fünf neben der Zapfsäule legt er dem Wohnmobil eine Hand auf die Haube. Nicht besitzergreifend, eher ungläubig. Betört.

Die nächste Serie ist im Innenhof vor unserer damaligen Wohnung entstanden.

Wir stellten die neugekaufte Camping-Garnitur auf dem Stellplatz des abwesenden Nachbarn auf und aßen auf Klappstühlen zu Abend, mit Tischdecke auf dem Parkplatz, das Kind angeschnallt im Hochstuhl. Dazu eine Flasche aus dem Restbestand unseres guten Hochzeitsweins, weiß und trocken, mit einem Bild von uns beiden auf dem Etikett. Im Rücken, imposant, unser Wohnmobil, das Monster. Es war das erste Familienfoto zu viert.

Meine Erfahrung ist, dass die Probleme, die einem gleich zu Beginn ins Auge fallen, bleiben. Bei uns sind es der sperrige Mechanismus, mit dem man das Kaffeemaschinenfach herunterzieht, dazu die Elektronik im Kombigerät von Navi, Rückfahrkamera und CD-Spieler und eine gewisse innere Inflexibilität meines Mannes, ähnlich der des Kaffeemaschinenfachs. Da war ich auch reklamationsbereit, aber erst wusste ich nicht, an wen ich mich wenden sollte, und später gewöhnte ich mich daran.

Natürlich, manchmal kommt ein bisschen Wehmut auf, wenn ich an mein altes Leben denke. Ich war schon immer gut in Stadt - Land - Fluss, machte mir einen Spaß daraus, die Hauptstädte der Welt parat zu haben. Es gab Zeiten, da wartete mein Pass immer in irgendeiner Botschaft auf ein Visum. Ich war dauernd unterwegs, mit dem Rucksack im Urlaub oder mit dem Notizbuch für die Arbeit, in einem Nachtzug in Vietnam oder auf einer indischen Landstraße oder im 47. Stock eines Hochhauses, irgendwo in einer chinesischen Millionenstadt. Jetzt kann ich deutsche Mittelgebirge aufsagen. Wollte ich nie können.

Trotzdem hat sie mich gepackt, die Campingleidenschaft. Denn das Schöne am Wohnmobilfahren ist ja, dass man mit der Tür in den Tag fällt. Jeder Tag beginnt anders, mal auf einem Schwarzwald-, mal auf einem Alpengipfel, und einer der schönsten Morgen, die mir das Monster beschert hat, war an einem Stellplatz am Strand.

Im Halbdunkel hatte ich meine Vorbereitungen getroffen, ein verstohlenes Scharren nur, dann kehrte ich meiner Familie den Rücken und trat einen ersten Schritt ins Licht.

Ich finde ja, eines der besten Gefühle auf der Welt ist die Vorfreude, und so rein und so unbändig wie in diesen Minuten vom Stellplatz in die Dünen habe ich sie selten empfunden. In der rechten Hand eine Tasse Tee balancierend, in der linken ein Ofenpfännchen mit warmem Apfelstrudel, überquerte ich die menschenleere Küstenstraße am Atlantik, wissend, dass ich mich gleich in den Sand setzen würde, barfuß, glücklich und allein mit meinem Apfelkuchen und dem Meer.

Oder dieses herrliche Gefühl, in Flipflops am Alpenrandsee einzusteigen und in Flipflops auf 2000 Metern wieder auszusteigen, um die Badelatschen gegen Wanderschuhe einzutauschen und den nahen Gipfel zu erklimmen. Diese Zufriedenheit, die sich abends im Wohnmobil breitmacht, wenn alle erfüllt sind von den Bildern des Tages. Die eine denkt an das größte Schokoladeneis ihres Lebens, hausgemacht im Berggasthof, die anderen erinnern sich an den glitzernden Bergsee, und alle freuen sich daran, dass man angekommen ist nach langer Serpentinenfahrt und sich auf wundersame Weise wieder einmal alles gefügt hat: Der letzte Stellplatz jenseits der Baumgrenze hatte auf uns gewartet, und nun schauen die Eltern auf das schokoladenbraun gefärbte Gesicht der Tochter und die rotgefärbten Gipfel in der Abendsonne, und das Kind schaut auch: eine Folge Conni.

Um dann, noch in demselben Urlaub, auf dem Meeresgrund zu fahren, dieser freundliche Grusel, der sich schon auf den letzten Metern Festland einstellt, während man an dem Verkehrsschild vorbeifährt, das ein Auto in Wellen zeigt und die Warnung: »Bei Flut besteht Lebensgefahr«. Ein Grusel, der sich in Spaß verwandelt, während man in Kolonne den Weg befährt, der das Meer teilt, rechts und links Schlick, Algen und Rettungskörbe auf Stelzen, voll mit lachenden Touristen, in der

Ferne lauter Punkte: Menschen mit Eimern auf Muschel-Beutezug und man selbst auf dieser gut vier Kilometer langen Straße, die nur dann sichtbar wird, wenn das Wasser weicht.

Immer dabei: ein Kind, das weder das Alpenpanorama noch den Meeresgrund besonders interessant findet, dafür das Loch im Strumpf, durch das man seinen großen Zeh bohren kann. Das begeistert ruft: »Guck mal!«, wenn es geschafft hat, auch den zweiten Zeh durchs Loch zu zwängen. Eine Mini-Camperin, die jederzeit dazu bereit ist, noch vor dem Frühstück zu einer kleinen Expedition aufzubrechen, so wie an jenem Morgen am Fluss, der in mehr Grüntönen leuchtete, als ich kannte. Einfach raus dem Schlafsack, raus aus dem Campingplatz, den Trampelpfad am Ufer entlang, mitten durch den Wald mit hinabhängenden Lianen.

Und dann dieser Duft von Eierkuchen, der das ganze Fahrzeug erfüllt, wenn man seine erste Schlafanzug-Wanderung schon hinter sich hat. Nirgends kann man gemütlicher frühstücken als im Wohnmobil, wenn man auf dem gedrehten Fahrersitz lümmelt, hinter den Scheiben Berg, See oder Ozean, und unsere Tochter auf die Sitzbank klettert, um dem Pfannkuchen beim Brutzeln zuzusehen und schnell noch einen Schinkenwürfel zu ergattern, bevor ihn mein Mann in die Bratpfanne wirft.

Beim Campen, finde ich, kann man viel übers Leben lernen, nicht nur, dass die besten Wanderungen die Schlafanzug-Wanderungen sind, von denen man am Vorabend noch nicht wusste, dass es sie geben wird. Man lernt auszuhalten, dass zusammenkommt, was nicht zusammenpasst: die Sehnsucht nach Freiheit und die Nähe zum Stellplatznachbarn, das Bedürfnis nach Privatsphäre und die Öffentlichkeit des Intimen, der Wunsch nach Individualität und die Gesetze der Tourismusindustrie, der Drang nach Originalität und das Diktat der Massenware. Und vielleicht der krasseste Widerspruch: das Bedürfnis nach Erholung und der Urlaub mit der Familie.

Es sind Sehnsüchte, die jedes Mal aufs Neue an der Realität scheitern, oft aber auf interessante Weise. Und so entstehen beim Wohnmobilfahren gute Geschichten, während man selbst mit seinen Träumen auf der Strecke bleibt. Was hilft: So zu tun, als stünde man auf einem Hügel und schaue sich selbst beim Strampeln in der Ebene zu. Denn die Komik des Lebens sieht man ja oft erst aus der Entfernung.

Und wenn es einem gelingt, mit dem einen Fuß schon auf dem Hügel zu stehen, während der andere noch strampelt, dann weiß man, warum es einen immer wieder auf die Straße zieht und wir nun schon seit über fünf Jahren freiwillig und gemeinsam auf der Strecke geblieben sind. Auf vielen wunderschönen Strecken, um genau zu sein.

Unsere Geschichte beginnt mit den ersten Touren, auf denen ich das Campingleben wie ein Insekt unter der Lupe betrachtet habe: neugierig, fasziniert und oft kopfschüttelnd. Sie erzählt, wann es bei mir zum Durchbruch kam und ich zur überzeugten Camperin wurde, nämlich ausgerechnet dann, als mein Mann anfing, über die Beschwernisse des Campingurlaubs zu klagen und unsere Tochter mit dem Monster fremdelte. Drei Jahre war sie alt, als sie das erste Mal in ein Wohnmobil stieg, neun Jahre wird sie sein, wenn Sie diese Zeilen lesen.

Wann unsere Campinggeschichte endet? Keine Ahnung. Wir sind, nach einer kleinen Krise, jetzt so weit, uns innerlich auf das nächste Jahrzehnt im Wohnmobil vorzubereiten. Denn längst ist unser Gefährt zum Gefährten geworden.

Das Gefühl, einfach losfahren zu können, um etwas zu erleben, ist für uns ein kostbares. Eines, auf das wir nicht hoffen konnten in einer Zeit, in der selbst das Naheliegende in die Ferne gerückt, unsere Zukunft im Dunkel verschwunden war: die Zeit der Schwangerschaft, als uns eine Diagnose nach der anderen bei unserem Kind ereilte: Trisomie 21, komplexer Herzfehler, drohende Frühgeburt und Hydrozephalus, »Wasserkopf« sagte man früher.

Damals war alles ungewiss, auch die Antwort auf solch einfache Fragen: Wie werden wir mit unserem Kind Urlaub machen? Wohin können wir dann noch reisen? Die Welt schien geschrumpft, alle Leichtigkeit dahin.

Doch nach der Geburt unserer Tochter mit 745 Gramm, nach vier Monaten Klinik und vier Operationen, zwei am Kopf und zwei am Herzen, begann ein neues Leben. Ein Leben, das oft anstrengend ist, aber ein Leben, in dem alles wieder vorkommt: Freiheit und Zufall, Glück und Leichtigkeit. Und oft sind wir beim Campen, wenn genau dieses Lebensgefühl sich einstellt.

Auch mit Downsyndrom kann man wunderbar campen. Das rollende Zuhause ist für viele Menschen mit körperlicher und geistiger Behinderung eine gute Art des Urlaubmachens, und unsere Tochter hat das Gemüt des Campers schon mitgebracht: Es kümmert sie nicht, wenn sie aussieht wie ein Wiedehopf, und sie ist immer zu einem Plausch mit Fremden bereit.

Ich erzähle Ihnen Geschichten vom Campen, die mich fröhlich machen – und Sie hoffentlich auch. Denn eines steht fest: Wer mit dem Wohnmobil unterwegs ist, erlebt Tage voller bezaubernder Widrigkeiten. Kommen Sie mit!

DER ANFANG –
Wie konnte das passieren?

Mein Mann hatte mir gesagt, dass er ein Camper sei, gleich zu Beginn, als wir uns kennenlernten. Ich hatte gelächelt, wollte die Stimmung nicht sofort ruinieren. Ich sah an diesem ersten Abend im Sommer 2013, als wir in seinem VW-Bus saßen, über vieles hinweg, auch über die gelblichen Felle, die er über die Vordersitze gelegt hatte, echte Felle von seinem Vater, wie er betonte. Ich dachte kurz an Milben, dann sprachen wir über ein Wiedersehen.

Heute zahlen wir gemeinsam einen Kredit für unser neues Wohnmobil ab. Wir bekommen Weihnachtskarten von den Betreibern eines Campingplatzes und haben sogar einen eigenen Feiertag eingeführt, auf meinen Vorschlag hin: den Camper-Geburtstag. Es ist der 29. Juni.

Ich denke, Menschen können sich ändern. Aber was mit mir geschehen ist, verstehe ich bis heute nicht genau. Ich war eher der Dachterrassen-Typ – vor der Hochzeit.

Als wir das erste Mal unser Wohnmobil vor unserer Wohnung parkten, im Frühsommer 2018, sprach die Nachbarin von einem Monster. Es war seltsam, aber es verletzte mich ein bisschen. Ich finde unser Monster schön. Und natürlich überragt es die Hecke, wofür haben wir uns sonst verschuldet?

Wichtig ist, dass das Modell zu einem passt. Ich habe deshalb auf einer Beifahrertür bestanden. Jede Frau will mal aussteigen. Und jeder Mann auch. Und beim sogenannten »Vollintegrierten«, vorn mit riesiger Frontscheibe, ohne Tür zur Rechten, sitzt man schnell in der Falle. Teilintegriert heißt teilemanzipiert, das war meine erste Lektion, lieber ein echtes Fahrerhaus als ein gläserner Käfig.

Wer am Steuer sitzt, ist für mich keine Frage von Gleichberechtigung. Darf es auch nicht sein, denn ich bin das Monster bisher nur auf einer Wiese gefahren. 7,77 Meter mit ausschwenkendem Heck. Mir selbst reicht – vorerst – das gute Gefühl, dass mir die Hälfte des Wohnmobils gehört, bezahlt vom selbst verdienten Geld.

Zweite Lektion: Der Camper, wie jeder Urlauber, und erst recht wie jeder Individualtourist, lebt von der Abgrenzung. Ich zum Beispiel habe lange mit der Inneneinrichtung gehadert. Ich habe mich gefragt, ob mein Ich all dieses geschwungene Holzimitat verkraftet, all diese stoffbespannten Wandverkleidungen, habe mich und diese Inneneinrichtung mit den Augen anderer gesehen und so etwas wie Scham gespürt. Was, wenn die anderen glauben, dass mir das gefällt?

Mein Mann sagte: Wichtig ist, dass es praktisch ist. Heute weiß ich: Er hat recht. Die Schönheit eines Schranks liegt in seiner Funktionalität. Besser geschlafen haben wir auch als die Coolen im Dachzelt, obwohl ihr Schlafzimmer lässiger wirkt. Und dass der Mann vom ADAC das Design in Echtholz beim selbst ausgebauten Feuerwehrauto zu schätzen weiß, das 18 Liter Benzin frisst und schon im Teutoburger Wald liegen bleibt, glaube ich nicht. So rede ich mir selbst gut zu, um den Neid zu überdecken. Und mein Mann nickt.

Als ich im Urlaub plötzlich einen Beitrag las, in dem von

rollenden Einfamilienhäusern die Rede war, auch noch geschrieben von meinem Chef, hat es mich trotzdem kalt erwischt. Selbstverständlich haben auch wir die fahrenden Geranien unseres Wohnwagen-Nachbarn belächelt. Aber ich fühlte mich trotzdem unangenehm angesprochen. Fühlte mich plötzlich alt. Unsexy, nur weil ich nicht auch meinen Jahresurlaub in einem abgetakelten VW-Bus verbringe. Mein Gott, mein wahres Ich sitzt natürlich am liebsten im Expeditionsfahrzeug, aber mein Mutter- und Ehefrau-Ich eben nicht. Immerhin haben wir uns gestreifte Sitzbezüge nähen lassen.

Im Geiste holte ich zum Gegenschlag aus. Ich stellte mir vor, wie ich meinen Chef fragen würde, warum er noch auf Campingplätze gehe. Um dann eher beiläufig davon zu erzählen, dass wir ja autark seien, Toilette, Dusche, alles an Bord. Und am schönsten sei es doch auf irgendeiner Wiese oder direkt an der Hafenmole. Ich überlegte mir immer gemeinere Fragen, etwa die, wie er das denn mit den warmen Croissants hinbekomme. Tatsächlich hatten wir bei den Extras einen Backofen genommen – eine wunderbare Entscheidung.

Mir ist klar, dass sich die Ambivalenz meines alternden Ichs in meinem Wohnmobil widerspiegelt: die Nähe zur Natur genauso zu lieben wie den Boost-Knopf für die heiße Dusche, den Sternenhimmel hinterm Panoramafenster genauso wie meine Matratze.

Als mein Mann und ich damals, an unserem ersten Abend, über unsere Zukunft sprachen, er hier, ich dort, Fernbeziehung über 500 Kilometer, jeder mit seinem Job verheiratet, da schlug er mir grinsend vor, ich könne ja kündigen, zu ihm ziehen und künftig eine Kolumne schreiben für die Lokalzeitung seiner Stadt. Eine »Vorzelt-Kolumne«, nannte er sie, weil er sich gerade ein neues Vorzelt für seinen VW-Bus gekauft hatte.

Umgezogen bin ich tatsächlich, zur Geburt unserer Tochter. Habe meine Altersvorsorge beim Autohändler verjubelt. Und jetzt dieses Buch. Ich denke, Menschen können sich ändern. Wenigstens habe ich bei der Hochzeit meinen Namen behalten.

PS: Sie überlegen, einen Probeurlaub im geliehenen Wohnmobil zu machen? Wenn es Ihnen Ernst ist mit dem Campen, tun Sie es nicht. Es macht die erste Woche keinen Spaß. Es ist eng, das Klo fängt an zu stinken, und Sie beherrschen die Technik nicht. Im schlimmsten Fall bleiben Sie mit dem Alkoven an einer Brücke hängen. Kaufen Sie lieber gleich, ohne Probeurlaub, ohne Probenacht. So wie wir. Der Mensch ist einfach so: Er liebt umso stärker, was er sich selbst eingebrockt hat.

DIE TRÄUME –
Einsamkeit, Wildnis?
Von wegen. Joe ist immer schon da.

Wir waren aufgebrochen mit einer Mischung aus Besitzerstolz und Freiheitsdrang, etwas, das ja selten im Leben zusammengeht. Vielleicht aber in unserem neuen Wohnmobil, dachten wir, unserem geliebten Monster. Wir rollten Richtung Frankreich – beschwingt in die Ferien, mit maximal 4,2 Tonnen.

»Woher weißt du eigentlich, dass man grüßt?«, fragte ich meinen Mann unvermittelt, als er auf der Landstraße wieder die Hand hob. Seine Lässigkeit wirkte sogar einigermaßen natürlich. »Vielleicht nötigst du einfach den anderen«, sagte ich. Er schien ein bisschen verunsichert, bestand aber darauf, dass er keinesfalls immer der Erstgrüßer unter den Wohnmobilfahrern sei, dass er das auch nicht gelesen habe, sondern dass das einfach klar sei, wobei er selbst wiederum keine Kastenwagenfahrer grüße.

Ich prüfte seine Behauptung auf den nächsten 20 Kilometern, beobachtete, wie er das Zucken in der Rechten unterdrückte. Als das nächste Wohnmobil auf der Gegenspur grußlos vorüberzog, triumphierte ich laut ausatmend, und er zischte: »Hund!«

Es gibt ja, das merkt man schnell, die Reisenden und die Steher. Die Steher sind so etwas wie Dauercamper, aber mit Motor. Ausgeschaltetem Motor. Ich habe unsere Touren immer als stete Fortentwicklung begriffen, weg vom Stehen, hin zum Reisen, vor allem aber fort von den anderen mobilen Besitzern. Campingplätze sind gut zum Üben, für unsere Tochter sogar das Größte, aber natürlich wollte ich bei unserer zweiten Tour der Wildnis näherkommen: Normandie, Bretagne. Im Rückblick muss ich sagen: Es sind gerade diese frühen Erfahrungen, die prägen.

Als ich nach Hunderten Kilometern auf einem französischen Stellplatz festsaß, eingeklemmt zwischen anderen Wohnmobilen, als mein Blick die spektakuläre Steilküste suchte und rechts und links nur lackierte Steilwände fand – die Monster der anderen –, wurde mir klar: Die Weite, nach der sich der Camper sehnt, beginnt erst hinter der Windschutzscheibe. Die Freiheit besteht darin, geradeaus zu gucken.

Und selbst die ist hart erkämpft. Denn dort, in der ersten Reihe mit Meerblick, steht immer schon Joe. Genauer gesagt: Er wird in allernächster Zeit dort stehen, er wird gleich eintreffen oder sofort dorthin zurückkehren – das sagen zumindest seine Freunde. Die fahren nämlich seit 30 Jahren an diesen einen Stellplatz mit Blick auf die Klippen und sichern die besten Plätze für Joe und die anderen, indem sie einen Klappstuhl XXL, wetterfest und mit Getränkehalter, auf jenen Platz stellen, den Joe gleich einnehmen wird. Dann, wenn er zurück ist vom Einkaufen für die anderen.

Wir regten uns auf und machten mit. Wir bereiteten uns am Vorabend darauf vor, am kommenden Tag das Abenteuer der Ungebundenheit zu erleben und gezielt in die einzige Lücke zu stoßen, die sich zwischen neun und zehn Uhr morgens auftut, wenn ein anderer fährt – einer von denen, der keine Freunde hat.

Wir reihten uns also ein, bezogen unser eigenes Fleckchen Wildnis vor der Schnauze des Monsters, und tatsächlich, wenn man dann erst einmal sitzt, mit kaltem Cidre in der Abendsonne, und die Segelschiffe an einem vorüberziehen, dann vergisst man viel, auch die hochgelegten, bestrumpften Füße des Klappstuhlnachbarn.

Und wenn man lange genug gesessen und getrunken hat, ist man so weit, das eigene Fußteil aus der Heckgarage zu holen, und spürt plötzlich die Leichtigkeit, die sich einstellt, wenn man alle Selbstbilder über Bord wirft. Vielleicht ist es doch nicht so schlimm, nicht mehr mit dem Rucksack, sondern mit dem Handstaubsauger unterwegs zu sein? Jetzt, wo man nicht mehr gegen indische Affen kämpft, sondern gegen Krümel, großflächig verteilt um den Kindersitz. Und was bringt einem die Hängematte, wenn auf dem Parkplatz der Baum dazu fehlt?

Doch auch diese Leichtigkeit muss man sich erst verdienen. Beim Campen gilt: Vorbereitung ist die Bedingung für Spontaneität. Wir haben uns zum Beispiel ein 25 Meter langes Stromkabel angeschafft und dazu noch ein zweites, kürzeres. Das mache uns frei in der Stellplatzwahl, und im Notfall könnten wir sogar koppeln, hatte mir mein Mann glücklich erzählt. Wasserdicht koppeln, mit einem kleinen Döschen. Darüber hatte er sich am meisten gefreut.

Ich wusste ja, dass ich einen Camper geheiratet hatte, aber die fast kindliche Freude an – sagen wir – Gasflaschenfüllstandsmessern rührte mich noch immer. Dabei hatte ich selbst unterschätzt, was es bedeutet, das Monster zu bewirtschaften. Autarkie endet dann, wenn die Entsorgung drängt, lernte ich, und

Entsorgung heißt zum Beispiel: Grauwasser ablassen. Aber es heißt noch viel mehr.

Nie werde ich mein erstes Mal auf dem Campingplatz vergessen. Es war verstörend, all diese Menschen zu sehen, die einen rollenden anthrazitfarbenen Kasten hinter sich herzogen. Im Grunde wie am Flughafen, nur bekam ich diese Bilder einfach nicht übereinander. Früher hektische Blicke, welches Gate, Halle A oder B, Shanghai, Havanna, kurz vor dem Boarden zu sein – das war mein Lebensgefühl.

Aber die Männer auf dem Campingplatz zogen keine Rollkoffer hinter sich her, sondern ihre Chemietoilette. Sie waren auch nicht hektisch, sondern wollten reden, zum Beispiel über das Fischrestaurant im Dorf, und sie schienen sogar zu vergessen, dass sie eigentlich etwas vorhatten mit ihrer Chemietoilette. Dass sie dort nicht allein standen, sondern zusammen mit ihrer Chemietoilette.

Ich hoffe immer nur, dass ich meinen eigenen Mann nie so sehen werde. Ich weiß nicht, was das mit mir machen würde. Was hat es mit der Frau des Rentners gemacht, drei Parzellen neben uns, dass ihr Ehemann immer sagte: »Einer trage des anderen Last.« Oder: »Die Geschäfte laufen!« Und zwar jeden Morgen. Zu jedem, der an ihm vorbeiging.

Niemals möchte ich demjenigen in die Augen sehen, der nach dem Frühstück zu seinem Nachbarn an der Entsorgungsstation sagte: »Wir haben den gleichen Rhythmus, was?«

Eingebrannt hat sich mir die Warnung jenes Fachmanns, der uns seinerzeit in die Technik unseres neuen Wohnmobils einwies. Man müsse das Kassettenfach immer abschließen, hatte er gesagt. Es gäbe Camper, die fremde Chemietoiletten entwendeten, um Zeit zu gewinnen. Eine Ersatzkassette verspreche mehr Tage Ruhe.

Es war mir lange unbegreiflich, was Menschen dazu bringt, anderen die Toilette zu stehlen. Aber seitdem ich gesehen habe, mit welcher Genugtuung Joes Freunde immer an die Wassersäule flitzten, um das bereits bezahlte Restwasser, das der Vorgänger beim Tanken nicht genutzt hatte, in ihre eigenen Gießkannen abzufüllen, weiß ich, dass Besitz nicht vor Geiz schützt. Und manche macht die Sehnsucht nach Freiheit anscheinend kriminell.

Aber es musste doch noch etwas anderes geben, hoffte ich, selbst im Monster sitzend. Oder war Joe etwa überall? Aufs Handy starrend hatte ich geglaubt, die Geheimplätze derjenigen zu entdecken, die so taten, als wüssten sie, wo man wirklich allein ist mit seinem Fahrzeug und seiner Lichterkette – dass sich mein Mann dieser Kette gleich zu Beginn verweigert hatte, ist übrigens etwas, wofür ich ihm nachträglich dankbar bin.

Ich las also von einem wunderbaren, einsamen Stellplatz auf der Halbinsel Cotentin, lotste meinen Mann auf die Autobahn gen Norden, wir fuhren und fuhren, bis ich – immer noch googelnd – darauf stieß, dass sich dieser Platz ganz in der Nähe der Wiederaufbereitungsanlage La Hague befand.

Nun ja, was soll ich sagen, ich las die Einträge zu radioaktivem Abwasser laut vor, ich dachte an das AKW direkt hinter Joes Klippe, das ich erst bei der Abreise entdeckt hatte, und an den Notfallplan, der im Schwimmbad des vorherigen Campingplatzes aushing, hübsch gelegen innerhalb der Zehn-Kilometer-Zone. Wir wendeten. Mein Mann fand, ich habe »Atomprobleme«. Die Urlaubslaune war am Abklingen.

Es war einer dieser Momente, in denen man nachdenklich wird. Es gibt ja immer zwei Arten, auf einen Trend zu reagieren. Wäre es vielleicht klüger gewesen, nicht Wohnmobil-, sondern Hallenbesitzer zu werden?

Ich bin überzeugt davon, dass der beste Anlagetipp im Moment Wohnmobilhalle heißt. Einfach eine alte Scheune aufmöbeln und warten, bis die Neubesitzer betteln kommen. Spätestens im Herbst wird ihr Ton flehend. Nur, ich hatte damals keine alte Scheune, ich hatte meinen Mann. Und jetzt habe ich das Monster.

PS: Sie haben nicht wirklich geglaubt, dass ich Ihnen meine Lieblingsplätze verrate, oder? Die romantischen, herrlichen, unvergesslichen? Ich bitte Sie. Wir kennen uns doch gar nicht. Aber wenn Sie Joe sehen, grüßen Sie ihn ganz herzlich von mir.

Der Outdoorteppich

Einer meiner Lieblingsgegenstände an Bord ist wetterfest und gepunktet. Für mich war der Kauf unseres Outdoorteppichs der »ästhetische Durchbruch«, so habe ich es seinerzeit im Logbuch notiert, viel Orange, viele Kreise, ein bisschen Seventies. Natürlich braucht man eine Schicht zwischen der Fußsohle und dem Boden. Wer will schon barfuß in Dreck, Dornen, Zecken, Kronkorken oder Scherben treten, die sich zwischen den Grasbüscheln eines Stellplatzes finden lassen? Nur warum muss diese Schicht hell-, mittel- oder dunkelgrau sein, die Farbwelt der Campingausrüster?

Das Zubehör verwirklicht im Kleinen, woran man im Großen gescheitert ist: die Individualisierung. Unser Outdoorteppich soll unser Serien-Wohnmobil einfach fröhlicher machen. Andere schmücken die Ablage ihres Vollintegrierten mit ihrer Leuchtturmsammlung oder einem Windhund, winzig, aber lebendig.

Wem das nicht reicht, der tauft sein Fahrzeug. Ich möchte an dieser Stelle keine Namen nennen, um die Persönlichkeitsrechte der Wohnmobile nicht zu verletzen, aber ich habe beobachtet, dass es häufig zu Verniedlichungsformen kommt, also zu Endungen auf -le, -li oder -chen. Dabei gilt: Je größer das Wohnmobil, desto niedlicher.

Wir dagegen haben unsere Pünktchen, um das Monster gefälliger zu machen. Als ich das Polypropylen-Modell im Internet entdeckte, habe ich es sofort in verschiedenen

Größen bestellt. Jetzt können wir bei Bedarf psychodelische Teppichlandschaften entwerfen. Weshalb auch klar ist, warum der Outdoorteppich und der Campingplatzbesitzer oft in einem Spannungsverhältnis zueinander stehen. Schließlich verbringt man als Platzbesitzer große Teile seines Lebens auf einem Aufsitzrasenmäher.

Einer ist mir besonders in Erinnerung geblieben. Jeden Morgen fuhr er die Grünanlage ab, und kaum dass einer seinen Stellplatz verlassen hatte, raste er heran, mähte und raste weiter, ja, er mähte mit aggressiver Lust. Heraus kam ein herrlicher Golfrasen, bei dem sich jeder Outdoorteppich von selbst verbot. Und wer das nicht verstand, dem wurde er verboten, der Teppich.

DIE ENGE –
Sie wollen Zeit mit Ihrer Familie verbringen? Jetzt nicht mehr.

Kennen Sie diesen Druck, der sich kurz vor dem Hochzeitstag aufbaut? Gibt es Geschenke? Kann man nicht etwas Schönes machen, zumindest am Abend?

Und jetzt stellen Sie sich vor, Sie entscheiden sich für einen Wochenendtrip mit dem Wohnmobil, eine Fahrt ins Blaue, nur dass Sie das Blaue in Ihrer näheren Umgebung schon kennen, eigentlich auch wissen, dass keiner der umliegenden Campingplätze infrage kommt, alle voll und hässlich, aber vielleicht trauen Sie sich dieses Mal, nur dieses eine Mal, wild zu stehen, vielleicht auf einem Waldparkplatz, oh Gott, was für ein Abenteuer, vielleicht klopft morgens um fünf Uhr der Förster ans Fenster – solche Gedanken können ja auch belebend wirken.

Wir packten also, viel braucht man ja nicht, und natürlich kamen wir viel zu spät los für dieses wenige, und als wir dann angespannt der untergehenden Sonne entgegenfuhren, wollten wir wenigstens noch eine Wiese finden für ein Picknick im Abendlicht.

Der Rest ist schnell erzählt. Wir probierten eine Stichstraße nach der anderen, entweder endete sie im Schatten oder im

Misthaufen. Rückwärtsfahrend grüßten wir die Pilzsammler. Dann die Anwohner. Bis wir im spitzen Winkel wieder auf die Hauptstraße trafen, was meinen Mann veranlasste, über den langen Radstand unseres Fahrzeugs zu referieren, insbesondere über den gewaltigen Überhang des Hecks, der ein Aufsetzen, gerade am Berg, wahrscheinlich mache.

Ich habe gelernt, in diesen Momenten zu schweigen. Die Atmosphäre einfach auf mich wirken zu lassen. Besonders intensiv ist es immer, wenn die Rückfahrkamera plötzlich ausfällt.

Ein bisschen irritiert hat mich der Satz meines Mannes schon, als wir dann abends, nach unzähligen, ungewollten Kilometern endlich zusammensaßen und das sogenannte »Ambiente«-Licht einschalteten, als wir also dasaßen und mein Mann plötzlich sagte: »Ich tue schon immer alles dafür, um die Karre nicht zu beschädigen.«

Nun ja, man soll nicht jeden Satz auf die Goldwaage legen, vor allem nicht, wenn der Hochzeitstag unmittelbar bevorsteht, aber ein wenig mehr Sorge um einen möglichen Personenschaden hätte ich mir schon gewünscht. Ich denke, was man auf jeden Fall sagen kann: Eine Ehe braucht, so wie das Wohnmobil, ein robustes Fahrgestell. Wobei das Wohnmobil selbst zur Belastungsprobe werden kann. Positiv formuliert: Man begegnet sich oft.

Im Grunde ist es wie Stopptanz. Jeder wuselt in seiner Fahrzeughälfte, faltet dieses auf, rollt jenes ein, bückt sich, streckt sich, bis beiden gleichzeitig einfällt, den Fahrzeugteil zu wechseln. Die ersten Male steht man frontal voreinander, mit hängenden Armen, abrupt ausgebremst.

Aber mit der Zeit werden die Bewegungen geschmeidiger, der eine beugt sich über den Gasherd, der andere schmiegt sich an den Kühlschrank, der eine dreht sich seitlich ein, der andere verschmilzt mit der Küchenzeile, und plötzlich erkennt man die Idee hinter der Linienführung: Die Aussparung bei der Arbeitsplatte ist so etwas wie eine Nothaltebucht im Innenraum. Die abgerundeten Ecken schützen vor Verletzungen.

Irgendwann aber kommt der Tag, an dem man plötzlich aneinander hängen bleibt. Bei den einen ist es schon vor der Hölzernen Hochzeit so weit, bei den anderen erst kurz vor der Silberhochzeit. Bei uns geschah es im Sommer nach dem ersten Lockdown. Plötzlich redet man in der Ehe über Gewicht. Ich rechnete noch in Kilos, mein Mann schon in Tonnen. Da merkte ich, er ist in Gedanken nicht mehr bei mir, sondern schon beim nächsten Modell.

»Man hat in seinem Leben immer drei Wohnmobile«, hatte der Fachmann beim Autohändler gesagt. Ein irrer Satz, fand ich damals. Aber ein Grund dafür schien nun klar zu sein, die Korrelation zwischen Körper- und Fahrzeugumfang, wobei es mit fortschreitender Ehe auch zu einer verzerrten Wahrnehmung kommen kann. Vielleicht ist der andere gar nicht dicker geworden, sondern rempelt einfach mehr?

Was in der Folge, genauer gesagt: nach der Auflösung des gemeinsamen Haushalts, zu einem weiteren Grund für einen Fahrzeugwechsel führen kann, so bestätigen es viele hinter vorgehaltener Hand. Der neue Partner verweigert das alte Mobil. Die neue Partnerin ebenso.

Schließlich kann man im Wohnmobil weder Wände herausreißen noch neu tapezieren, und auch die alten Aufkleber von der Ex lassen sich nur schlecht von der Heckwand kratzen, all diese Wappen und Inselumrisse. Fest steht: Das Wohnmobil schafft eine Intimität, die man nicht mehr aus dem Kopf kriegt. Es wird zur fahrenden Höhle, und es dauert nicht lang, bis die Mitreisenden auch aussehen wie Höhlenbewohner.

Dabei sind Interessenkonflikte unausweichlich. Das kleine Monster betrachtet das große Monster als Einzelzimmer und verteilt großflächig Puppen und Popel. Der Nächste will die Höhle fegen, will laufen können, ohne dass etwas in die Fußsohlen pikst, und liebt goldene Regeln, zum Beispiel:»Erst aufräumen, dann wischen!«

Die andere will lieber den Sonnenuntergang genießen, statt zu spülen, und findet es ohnehin erst dann gemütlich, wenn das Monster lebt. Mein Mann findet, ich sei ein mausartiger Typ. Da mal was verstecken, hier mal etwas bunkern, ein Scharren und Nesteln, und dabei entstehe ganz automatisch die Verwüstung.

Der Rückzugsraum meines Mannes ist direkt unter der Decke, im Hubbett. Das wird abends heruntergelassen, in der Mitte des Wohnmobils, ziemlich genau über dem Esstisch, es verschafft ihm ein eigenes Stockwerk und damit Abstand zum Rest. Mit ein bisschen Glück sieht er durch die geöffnete Dachluke sogar eine Sternschnuppe und kann sich etwas wünschen, zum Beispiel: weniger Krümel. Oder eine andere Familie.

Das Beste am Hubbett aber ist der Ausguck, das findet auch unsere Tochter, wenn sie frühmorgens hinaufklettert. Was für ein Bild: Das Kind steht auf dem verschlafenen Mann, aufrecht wie ein Platzwart, und schreit, mit dem Oberkörper aus der Dachluke ragend, über alle Wohnmobile hinweg:»Hallo!« Dann noch ein wenig lauter:»Hallo! Heißt du?«

Das Schöne ist, dass eigentlich immer jemand antwortet. »Klaus«, schallt es von unten.»Tschüs, Klaus!«, ruft es zurück aus der Dachluke. Wir Eltern finden das süß, aber wir sind ja auch schon wach.

Der Nachteil eines Hubbettes, zumindest in der Fahrzeugmitte, ist ebenso augenfällig. Denn der, der im Hubbett liegt, liegt im Weg. Jeden Morgen. Diejenige, die von hinten nach vorne will, muss sich gebückt zu den Frontsitzen kämpfen. Derjenige, der Rücken hat, steigt polternd über den Fahrersitz ab und muss sich erst einmal setzen.

Hätten wir uns also doch lieber für einen Alkoven entscheiden sollen? Damals wollten wir unbedingt das Panoramafenster in der Fahrzeugkabine und keinen Aufbau im Genick, jetzt aber bezahlen wir das Licht beim Fahren mit Aggressionen am Morgen. Egal, welchen Grundriss Sie wählen, generell gilt: Es ist immer gut, noch eine Liegefläche in petto zu haben. Vielleicht wollen Sie mal die Freunde Ihrer Kinder mitnehmen. Oder die Oma. Oder den Paartherapeuten. Gut, das ist jetzt übertrieben. Der hat ja vermutlich sein eigenes Wohnmobil.

Wenn Sie etwas wissen wollen über den Zustand Ihrer Ehe, können Sie auch einfach Ihre Stellplatznachbarn fragen. Was mich an eine Episode aus dem letzten Sommerurlaub erinnert und jene Frau, die die wenigen Worte, die sie überhaupt den ganzen Tag sprach, an mich richtete und nicht an ihren Mann.

Die nette Betreiberin des Campingplatzes hatte uns zwei Plätze zur Auswahl gestellt, mein Mann und ich berieten uns leise, woraufhin sich die Frau aus dem potenziellen Nachbarmobil näherte, Besitzerin von zwei sehr kleinen Hunden. Sie müsse schon einmal warnen, der eine dieser zwei sehr kleinen Hunde würde kläffen. »Er verteidigt sein Auto«, sagte sie. »Aber er ist nicht stark bösartig.«

»Lass uns lieber den da drüben nehmen«, flüsterte ich. »Ach was«, sagte mein Mann. »Die will sich doch nur Platz verschaffen.«

In dem Moment begriff ich, dass er den Trick kannte, und auf einmal erschien die Szene auf dem letzten Stellplatz in neuem Licht, als mein Mann den heranrollenden Neuen lachend zugerufen hatte: »Wir sind laut und unangenehm!«

Damals fand ich das ebenso prägnant wie peinlich und hatte hastig hinzugefügt: »Wir fahren aber auch gleich.« Was es, glaube ich, nicht besser machte.

Aber ich hatte das Brüllen unserer Tochter beim Haarekämmen noch im Ohr, war selbst noch benommen von den Musikvideos: »Ich habe eine Maus gesehen, die wollt auf Weltraumreise gehen« – wie lange lässt sich das ertragen, ohne das eigene Kind auf Weltraumreise zu schicken? In demselben Urlaub haben wir es das erste Mal mit Standup-Paddeln versucht. Auf einer spiegelglatten Nordsee an einem windstillen Sommertag. Ich paddelte und paddelte, die Menschen am Strand wurden kleiner und kleiner, ich hörte nur Möwen und Plätschern, und als ich irgendwann zu Mann und Kind zurückkehrte, sagte mein Mann: »Ich wollte schon den Hubschrauber holen.« – »Quatsch«, antwortete ich. »Ich bin doch nicht abgetrieben.« Und fügte etwas leiser hinzu: »Leider.«

PS: Sie wollen wissen, wie die Fahrt ins Blaue endete? Am Hochzeitstag haben wir einen wunderschönen Fahrradausflug mit unserer Tochter gemacht und vor dem Wohnmobil gedeckten Apfelkuchen gegessen. Bei Sonnenschein, in einem deutschen Mittelgebirge. Und wissen Sie was? Je nachdem, wie viele echte Abenteuer im Leben man schon gemeinsam bestanden hat, kann das tatsächlich reichen zum Glücklichsein.

PPS: Noch ein Glück: Wir haben eine neue Wohnmobilhalle gefunden. Unzählige Kleinanzeigen hatten wir im 50-Kilometer-Umkreis abtelefoniert, und dann kam die Zusage ausgerechnet aus jenem Dorf, in dem wir geheiratet haben. Und ich muss sagen: Irgendwie finde ich es schön, dass dort, wo ich vor dem Altar stand, nun unser Monster steht. Ein irrer Satz, ich weiß.

DAS MOBILE OFFICE –
Was man von einem Klappstuhl-Chef lernen kann

Es ist Montagmorgen, ich schiebe die Rollos der Windschutzscheibe zur Seite, sehe einen kommunalen Mülleimer im Nieselregen und frage mich: Warum? Ich ziehe die Rollos der Seitentür hoch, sehe kommunales Gestrüpp in Betonkübeln, arrangiert auf Schotter, und frage mich: Was mache ich hier?

Die Antwort kam mir kurz darauf als Geistesblitz, just in dem Moment, in dem ich die volle Windel unserer Tochter von der erhöhten Liegefläche auf den Boden pfefferte, ordentlich zusammengefaltet zu einer Bombe: wohnen!

Das mag banal klingen, aber ich glaube, es ist ein Bewusstseinswandel. Ich hatte unser Fahrzeug bis dahin vorrangig als Reisemobil begriffen, als Vehikel, das mich auf praktische Art und Weise an schöne Orte bringt, als Mittel zum Zweck. Das Monster heißt aber nicht umsonst Wohnmobil. Es will, dass man wohnt. Es ist sich selbst genug.

Wenn man das erst einmal verstanden hat, lässt der Druck nach. Dann nimmt man die Stellplätze wie das Leben, mal steinig, mal sonnig, und freut sich einfach auf das Surren der Kaffeemaschine am nächsten Tag. Ich würde mir deswegen nicht gleich eine Aufschrift ans Heck kleben, so wie es andere tun: »Heute nichts erlebt. Auch schön!« Aber es hilft, wenn man das hat, was Psychologen »radikale Akzeptanz« nennen.

Bevor es zu Missverständnissen kommt: Wir haben weder unseren heimischen Mietvertrag gekündigt noch unsere Jobs, sondern einfach an jenem Montag Urlaub genommen, auf der Rückfahrt von einem Familienbesuch. Aber, ich gebe zu, die Frage nach dem Warum hämmerte in meinem Kopf. Warum Urlaub?

Die meisten Stellplätze haben ganzjährig geöffnet. Warum soll ich nicht mal montags im Wohnmobil arbeiten? Ich trage ja auch dienstags eine Wohnmobilfrisur, obwohl ich längst wieder zu Hause bin. »Wohnmobilfrisur«, das hat mein Kollege wirklich gesagt, in der Videokonferenz. Und mein Chef, auch Camper, hat geprustet. Klar, der hat's leicht. Der hat ja kaum noch Haare.

Es hat sich etwas geändert, seitdem ich über unser Leben mit dem Monster schreibe. Ich fühle mich immer im Dienst, auch wenn wir nur zu Oma und Opa nach Bayern fahren. Trotzdem habe ich vorsichtshalber einen Tag Urlaub eingereicht. Für Mitarbeiter ist Transparenz wichtig, für Chefs dagegen Intransparenz. Auch das hat mich das Campen gelehrt.

Wir standen in hübscher Landschaft, als ich Zeugin eines Telefongesprächs wurde, das dem Stellplatznachbarn mitten ins späte Frühstück platzte. Was seinem Angestellten vermutlich nicht so klar war, auch nicht so klar sein sollte. Leider habe ich den Anfang verpasst, aber mit ein bisschen Übung reimt man sich ja einiges zusammen, und so möchte ich behaupten, dass es um den Bereich Sanitärinstallation ging und einen kleinen Zwischenfall, wie er in jedem Job einmal passiert.

»Tiefste Blamage!«, sagte der Klappstuhlchef. Und bellte ein paar Anweisungen, bevor er sich wieder im Brötchen verbiss. Ein paar Minuten später klingelte sein Handy erneut. Diesmal, würde ich sagen, war es eher ein Gespräch unter Führungskräften.

»Haste schon gehört, was der Dings fabriziert hat?« – »Ich hab gesagt: Wer den nächsten Wasserschaden verbockt, ist dran. Und jetzt ist er dran.«

Der Klappstuhlchef ist nach dem Frühstück erst einmal Fahrrad fahren gegangen. Sein letzter Satz an den Mitarbeiter, bevor er sich auf den Sattel schwang, blieb mir noch lange im Ohr: »Wochenende ist jetzt nicht mehr. Du gehst jetzt da hin und leerst alle drei Stunden die Eimer aus.«

Schlimm, diese Hierarchien.

Ich weiß nicht, wie es Ihnen geht, aber ich muss ja auf Stellplätzen immer an Friedhöfe denken. Wobei ich außerordentlich gerne auf Friedhöfen bin, auch im Ausland. Mich fasziniert dieses Urmenschliche. Das Streben nach Ungleichheit bei gleichzeitigem Triumph der Gleichheit. Da liegen alle unter derselben Erde, aber das Grab soll den Status zu Lebzeiten manifestieren, notfalls mit Marmorsäulen.

Als wir neulich auf einem sogenannten Nachtparkplatz einkehrten, war es wieder so: Da stand der Concorde, groß wie ein Omnibus, neben dem Leihcamper, der Neuwagen mit Fußbodenheizung neben dem Lieferwagen mit Matratze, und alle waren in ihrem irdischen Strampeln vereint: dem Kampf um die wenigen Stromsäulen, der Verteidigung ihrer Bodenfläche, diesem kleinen Plätzchen im Mondschein zwischen Altglascontainern und Dixi-Klos, und am nächsten Morgen, kurz vor der Abfahrt, war bei allen der Stecker gezogen.

Wobei der Morgen immer einen besonderen Zauber hat. So wie sich abends die Satellitenschüsseln ausrichten, richten sich morgens die Köpfe aus. Man guckt, ob man will oder nicht, irgendwohin muss man ja gucken, und weiß nicht nur, welche Gardinenfarbe der Nachbar hat, sondern auch, welches Hygienekonzept. Die Frau neben uns bürstete sich an der frischen Luft das ungewaschene Haar.

Und als ich selbst, verfolgt von fünfzig oder hundert Augenpaaren, unseren Abfall zum Container brachte, nicht ohne Grund in einer blickdichten Tüte, bemerkte ich aus den Augenwinkeln einen anderen Camper. Die Schiebetür weit geöffnet, saß er auf seiner Sitzbank, breitbeinig und zurückgelehnt, und ließ den Blick über den Platz schweifen, entspannt von den Vibrationen seiner elektrischen Zahnbürste.

Ich glaube, dass diese Unbefangenheit, die Morgentoilette zu teilen, auf einer ebenso geteilten Annahme beruht: Man baut darauf, dass man sich nie wiedersieht. Das muss man im Kopf behalten, wenn man, berauscht vom eigenen Insiderwissen, in Versuchung kommt, Kolleginnen und Kollegen ein paar Reisetipps zu geben. Ich denke, es ist eine sehr persönliche Frage: Würden Sie Ihre Kollegen gern in der Sauna treffen? Dann können Sie auch Ihre Lieblingsplätze verraten.

Ich für meinen Teil muss sagen, dass mich die Erkenntnis, dass unsere Stellplatznachbarn zufälligerweise aus dem Hunderte Kilometer entfernten Nachbarort stammten, eher, nun ja, hemmt. Oder wie mir mein Mann zuraunte: »Vorsicht! Die sehe ich nächste Woche im Rewe!«

Ist es angesichts dieser sozialen Enge nicht verständlich, dass einen das wilde Leben der anderen, der Gegenentwurf zum eigenen Entwurf, irgendwie anzieht? Wie aufregend, dachte ich, muss das Leben in jenem Expeditionsfahrzeug sein, das ich von meinem Beifahrersitz mit den gestreiften Schonbezügen sehen konnte: sandfarben, mit Rädern, wie man sie sonst nur von gigantischen Landmaschinen kennt? Eine steile Leiter führte zum Einstieg in die Kabine, das Reserverad wurde vorne mitgeführt.

Es war – wie soll ich sagen – im Ganzen monströs, und ich kann nachfühlen, dass die Bewohnerin lange im Türrahmen verweilte, am höchsten Punkt des Parkplatzes. So, dachte ich, hat sie bestimmt letzte Woche noch über die Dünen der Sahara geschaut, beim Zähneputzen. Wie schwer muss es ihr fallen, jetzt neben einem oberbayerischen Müllcontainer zu parken.

Ich muss an dieser Stelle etwas gestehen. Ich habe etwas getan, wofür ich mich schon beim Tun schämte. Ich weiß gar nicht, wie das Ding in meine Hände kam, ich glaube, mein Mann hat es mir sogar gereicht, zumindest hatte ich plötzlich sein Fernglas in der Hand. Schwer und schwarz, ein Konfirmationsgeschenk seines Opas. Wie oft hatte ich gelächelt, wenn er mit zusammengekniffenen Augen mal wieder eine von vielen Zugspitzen entdeckt hatte oder einzelne Schafe auf dem Deich identifizierte.

Jetzt aber fühlte ich das kalte Metall an meiner heißen Stirn, war es die Scham oder die Schwere, die meine Hände zittern ließ? Ich richtete das Fernglas auf den Eingang des Expeditionsfahrzeugs. Ich weiß nicht, was ich zu sehen hoffte, vielleicht eine mitgereiste Wüstenschlange, die im Begriff war, sich aus dem Radkasten zu lösen, oder auch nur die Inneneinrichtung von echten Abenteurern, zumindest fingerte ich so lange am Rädchen, bis das verschwommene Bild endlich scharf wurde.

Ich sah: Holzimitat. Wie bei uns. Und neben der Tür einen Putzlappen. Lila. Vermutlich Mikrofaser. Wir haben genau den gleichen. Ich kann gar nicht sagen, ob es mehr Enttäuschung oder Erleichterung war, die ich fühlte.

»Das wird teuer«, hörte ich plötzlich eine Stimme hinter mir.

Vergnügt wischte mein Mann die Handykamera weg und ließ das Telefon in seine Hosentasche flutschen.

Ich habe beschlossen, mich nicht von Familienangehörigen erpressen zu lassen. Ich gehe selbst an die Öffentlichkeit. Ich stehe zu meinen Fehlern. Und noch etwas habe ich gelernt: Auch ich habe mal Feierabend. Gerade im Homeoffice ist eine klare Tagesstruktur wichtig. Deswegen beobachte ich nach 17 Uhr nur noch privat.

Was mich allerdings noch zu Hause beschäftigte, war der Gesichtsausdruck jener Frau, die aus dem Fahrzeug neben uns stieg – kurz nachdem ich das Fernrohr in seinem Schutzkasten verstaut hatte. War es Verachtung oder Vergnügen? Ich konnte ihre Mimik nur schwer deuten. Aber in dieser sekundenlangen Ewigkeit, als sich unsere Blicke trafen, wurde mir klar, dass ihr schicker weißer Kastenwagen getönte Scheiben hat. Anders gesagt: Was für mich schwarzes Rechteck ist, ist für sie Fenster. Ein hinterhältiges Design.

PS: Übrigens, mein Mann und ich überlegen, ob wir größer denken sollen. Hätten Sie vielleicht Interesse an einem Aufkleber: »Natürlich fahre ich Monster«? Oder einem Bademantel: »Monsterbraut«? Wenn ja, kläre ich schnell die Frage nach dem Nebenverdienst mit meinem Chef. Ich weiß ja, wie ich ihn erreiche. Ich schicke ihm einfach einen Businessplan auf den Campingplatz.

Die Wäschespinne

Wäsche ist eines dieser Themen, die erst mit der Zeit an Brisanz gewinnen, wie so vieles im Eheleben. Den ersten Sack Schmutzwäsche kann man noch in der Heckgarage verstauen, doch spätestens nach zwei Wochen steckt in dem Thema eine ungeheure Sprengkraft, und man wird waschen. Müssen.

Den Anfänger erkennt man daran, dass er die Beschäftigung mit körpernahen Angelegenheiten meidet, um am Ende verschämt diverse Kleinteile am Fahrradträger aufzuhängen. Was zum einen die mühsam gesäuberte Kleidung wieder mit Kettenfett besudelt, zum anderen zu Verwehungen aufs Nachbargrundstück führen kann, was die Scham nur noch vergrößert.

Auch möchte nicht jeder seine Unterhosen zum Trocknen unter den Scheibenwischer klemmen, wie es mal ein paar pubertierende Jungs im Nachbarcamper taten. Was Sie brauchen, ist ein System! Im Interesse aller. Denn Campen heißt immer auch, neben der Wäsche des Nachbarn Urlaub zu machen. Und nicht immer sind die Wäschestücke so lebensfroh wie die Schwimmshorts mit Hawaii-Muster, die reihenweise über Seitenspiegel gestülpt werden auf den Stellplätzen am Badesee.

Der Erfahrene befestigt einen Mini-Wäscheständer mit Saugnäpfen an der Außenwand seines Wohnmobils, oder er nimmt ein Modell zum Einhängen im Fenster. Wunderschön.

Ehrlicher aber ist es, auf den großen Touren den Wäsche-
ständer von zu Hause mitzunehmen. Viel hilft viel. Und man
ist ohnehin nervlich angeschlagen, wenn man endlich eine
freie Trommel auf dem Campingplatz erwischt, nur um festzustellen, dass der Jeton in der schweißnassen Hand nicht
in den Schlitz passt, weil er zum Trockner gehört und nicht
zur Waschmaschine. Und ein neuer Jeton nur an der Rezeption zu haben ist, an der gerade zehn Neuankommende darauf warten, das Anmeldeformular auszufüllen.

Fast ein Gefühl von Zärtlichkeit empfinde ich dagegen
für unsere hängende Mini-Wäschespinne. Der Dienerin für
die kleinen Dinge. Ihr Griff lässt sich oben an der Dachluke
unseres Bads einhängen, und wie sie da baumelt mit ihren
Spreizarmen, beschwert von feuchten Kinderhosen, Bade-
anzügen und Socken, und sich einfügt, als sei sie für unsere
Dusche erschaffen worden, das freut mich. Vor allem, weil
die Kleidungsstücke, die an ihr hängen, die Geschichte des
vergangenen Tages erzählen.

DAS ABENTEUER –
Warum Wintercamping eine eigene Disziplin ist

Mit Nieselregen im Herzen waren wir am Silvesterabend aufgebrochen, erschöpft von den vergangenen Monaten, im Gepäck eine angebrochene Packung Wunderkerzen vom vergangenen Jahr, in der Hoffnung auf neue Wunder.

Wohin wir fahren wollten, wussten wir nicht, nur so viel: Richtung Alpen. »Nimm die Bettmütze mit!«, hatte mein Mann gesagt. Zu Hause im Wohnzimmer klang der Satz noch lustig, sogar ein wenig verheißungsvoll, dabei hätte mir klar sein müssen, dass er eigentlich eine Drohung war.

Auf leerer Autobahn fuhren wir dem Jahreswechsel entgegen, hielten an einem namenlosen Stellplatz und stießen im Fernsehen auf eine Doku über die Geschichte des Wohnmobils. Während wir erkaltete Fertigpizza aßen, schauten wir Männern in Schwarz-Weiß dabei zu, wie sie sich beim historischen Wintercamping den freien Oberkörper mit Schnee abrieben. Bei uns im Wohnmobil dagegen war es so warm, dass ich ganz schläfrig wurde.

Der größte Spaß war, als mein Mann den Gasmelder anhauchte, nach einigen Fingerhüten voller Weinhefebrand, und das beruhigende blaue Licht plötzlich in Grellrosa umschlug, und der Alarm anging. Zufrieden beobachtete mein Mann, Chemiker von Beruf, den Verlauf seines Experiments, dessen Ergebnis er vorhergesagt hatte.

Als um Mitternacht die Böllerei losging, hielt sich unsere Tochter die Ohren zu und brüllte eine Viertelstunde lang: »Blöd hier!« Und ich stand da mit meiner abgebrannten Wunderkerze und durfte endlich ins Bett.

Es wird Sie vielleicht erstaunen, dass diese Zeilen trotzdem eine Liebeserklärung sind, nicht nur an meine Familie, sondern auch an ihr jüngstes Mitglied: unser Wohnmobil. Camper hatten wir früher zu Fahrzeugen dieser Art gesagt, als wir gerade erst Eltern geworden waren. Camper klang besser, jünger.

Heute sagen wir »Womo«. Denn Womo kann unsere Tochter mit Downsyndrom gut aussprechen. In einem der ersten Reisetagebücher von unseren Touren habe ich die Wörter notiert, die sie damals mit vier Jahren klar und deutlich sprach: Mama, Papa, Oma, Opa, Womo. Was man wohl ihrerseits als Liebeserklärung verstehen kann.

Das Womo schenkt uns eine Freiheit, die eine besondere ist. Zum Beispiel ein 100er-Pack Windeln einzupacken für ein sechsjähriges Kind, auf einem Bergpass mit Fernblick zu wickeln oder in der Nothaltebucht einer Schnellstraße.

Es ist die Freiheit, auf einer Panoramastraße eine spontane Leberwurst-Jause einzulegen, damit die Stimmung stabil bleibt. Und zu wissen, dass man notfalls auf einem Klinikparkplatz übernachten kann, wenn es brenzlig wird. Das Gefühl, dass es schnell brenzlig werden kann, hat uns nicht mehr verlassen, seitdem unsere Tochter mit einem komplexen Herzfehler zur Welt kam und heute mit einem Implantat im Kopf lebt.

Sie selbst hat dieser Start ins Leben nicht davon abgehalten, eine fröhliche Camperin zu werden. »Womo fahren, Strand?«, hatte sie gefragt, als wir anfingen, in der Dezemberkälte zu packen. »Bitte, Mama, bitte!« – »Schlitten fahren!«, antwortete ich.

Jetzt also Wintercamping, unser erstes Mal. In den Ausführungen meines Mannes klang es irgendwie abenteuerlich, er sprach von sich selbst öffnenden Ventilen, um der Gefahr von gefrierenden, platzenden Leitungen zu entgehen, und selbstverständlich packte er als alter Skitourengeher seine zusammensteckbare Lawinenschaufel ein, für alle Fälle. Ich dagegen träumte von einem Schneemonster, das mich wärmt.

Rückblickend muss ich sagen, dass man die Wutausbrüche des Mannes mehr fürchten muss als die Wintereinbrüche in den Alpen. »Und wie hast du geschlafen?«, frage ich jeden Morgen mit Sorge, als wir endlich in Österreich angekommen sind. Schließlich hängt auch mein Tag davon ab.

Das Problem ist, dass mein Mann und ich in unterschiedlichen Klimazonen des Fahrzeugs leben. Während ihm das saharawindähnliche Heizgebläse im Vorderraum die Nasenschleimhäute austrocknet, sodass er in seinem Hubbett mit geöffnetem Mund nach Luft schnappt, herrschen im hinteren Schlafbereich angenehme mitteleuropäische Temperaturen, die allerdings jäh ins Nordische umschlagen, wenn mein Mann im Laufe der Nacht die Heizung runterdreht und die Dachluke öffnet, übernächtigt und grimmig.

Die folgenden Tage experimentieren wir mit der Umleitung des Gebläses, schließen die einen Heizungslöcher, öffnen die anderen. Ich gehe nur noch mit Skiunterwäsche, Outdoor-Fleece und Wärmflasche ins Bett – aus Angst. Immerhin wachsen draußen die Eiszapfen am Wohnmobil und drinnen die Eisblumen am Fenster. Abends googele ich die Wettervorhersage für die Nacht und lese laut vor: »Zwischen drei und sechs Uhr morgens wird es am kältesten. Bis zu 20 Grad minus!« – »In der Zeit lüfte ich immer«, sagt mein Mann.

Es war der Moment, an dem ich wieder an den Bauernhof denken musste, auf den ich während der Fahrt gestoßen war. Wir übernachten öfter auf Höfen, doch dort hätte man sogar an seiner Beziehung arbeiten können während des Campens. Einfach von Diesel auf Esel umsteigen, zum Coaching.

War es leichtsinnig gewesen vorbeizufahren? Richtig kommunizieren, führen oder führen lassen, die Angebote klangen gar nicht so schlecht, und die Tiere schienen ungeheures Potenzial zu haben, Menschen zu verändern.

»Ruf doch mal an und frag, ob sie auch Wurst verkaufen«, hatte mein Mann auf der Autobahn gesagt. Damit war das Thema erledigt.

Dieses Mal liegt unser Bauernhof mitten im Skigebiet. Neiderfüllt beobachten wir, wie die Nachbarcamper morgens zur Piste aufbrechen und sich nachmittags zum Wodka am mitgeführten Heizpilz einfinden, aufgestellt zwischen zwei Wohnmobilen. »Heißt du?«, fragt unsere Tochter, als eine der Heizpilz-Damen an uns vorbeistapft. »I bin die Hedi, und jetzt hab i an Duarscht«, sagt die Frau.

Ich dagegen stelle mir vor, ich stünde locker beim Après-Ski, als ich aus der eiskalten Dusche trete, mit Shampoo im Haar. Er verstehe nicht, warum das Wasser nicht heiß sei, sagt mein Mann und entwickelt verschiedene Thesen, wie die Innenraumheizung und die Wassererwärmung miteinander in Verbindung stünden, wie sich die Booster-Funktion im Vergleich zur »Hot«-Einstellung auf das Gesamtsystem auswirke. Am

Ende sagt er: »Du musst warten.« Und reicht mir eine Tasse Fencheltee aus der Thermoskanne.

Wintercamping, so viel ist klar, ist eine eigene Disziplin. Man hängt an der Gasflasche, und das Wohnmobil wird zur Burg. Noch im Liegen sieht man die Schneedecke, die sich auf das Panoramafenster über dem Bett gelegt hat, und es hat viel mit dem Blick aufs Leben zu tun, ob man denkt: »Ist ja wie im Iglu« oder »Ist ja wie unter der Lawine«.

Wenn der Nachmittag voranschreitet, spätestens wenn die Dämmerung einsetzt, krieche ich nach hinten und schließe alle Luken. Licht oder Wärme, Rollos hoch oder runter, das ist die Entscheidung. Keine leichte, denn was gibt es Schöneres, als Schneeflöckchen beim Fallen zuzusehen?

Auf jeden Fall aber gehören die Bretter vors Fenster, damit die Kälte der Metallrahmen nicht abstrahlt. Vielleicht müssen wir uns sogar noch eine Pferdedecke fürs Monster holen, damit die Schnauze schön warm bleibt. »Jetzt stehen wir hier – bis zum Frühling!«, hatte mein Mann gesagt, als er den Wetterbericht hörte, und ein wenig hatte ich gehofft, dass er recht hat.

Doch leider frieren weder die Keile am Boden an, noch müssen wir uns mit der Lawinenschaufel freigraben, und so ziehen wir nach drei Tagen weiter, ins Ungewisse. Ich muss ja sagen, dass ich durchaus ein Händchen für ungewöhnliche Orte habe.

Wenn ich die Beschreibungen der Stellplätze nach den Schlüsselwörtern »Alleinlage« und »abseits« abscanne, ist das Ergebnis immer interessant, auch wenn uns diese Methode schon mal zu einem Atomkraftwerk oder in die Nähe eines ehemaligen Truppenübungsplatzes führte.

Wie seinerzeit, als ich googelnd auf dunkler Landstraße kurz vor Erreichen des Ziels meinem Mann kichernd mitteilte, man solle übrigens auf den Wegen bleiben, wegen der »Munitionsbelastung«. Gut, man hat nicht immer den gleichen Humor in der Ehe und auch nicht immer zur gleichen Zeit. Wichtig sind in jedem Fall Anerkennung und Wertschätzung.

»Hurra!«, sage ich also, als mein Mann unsere 4,2 Tonnen die eisige Bergstraße zu unserem neuen Stellplatz hochgehievt hat, Kurve um Kurve, mit Schmackes, aber ohne Ketten. »Hurra, Papa!«, ruft unsere Tochter auf der Rückbank.

Es ist übrigens nicht so, dass wir einen nordkoreanischen Erziehungsstil pflegen, auch wenn sich der Eindruck aufdrängt. »Hurra, Mama!« höre ich sogar, wenn ich mich, das eine Bein zur Balance in die Luft gestreckt, um den Kindersitz winde, um mit hochrotem Kopf die richtige Gurtschnalle in den richtigen Verschluss zu drücken in der Ritze zwischen Bank und Wand und endlich das ersehnte Klickgeräusch kommt. Unsere Tochter schaut einfach wahnsinnig gerne »Peppa Wutz«, das Zeichentrickschweinchen, und da wird auch viel gejubelt.

Überhaupt ist sie schon in jungen Jahren so gesellig und mitteilungsfreudig wie viele ältere Camper und Camperinnen. Schon früher dauerte es nie lang, bis sie auf fremden Schößen »Hoppe, hoppe, Reiter« spielte, und neuerdings bringt sie die Nachbarn durch die Dachluke auf den neuesten Stand: »Hallo, Mann! Äh … Pipi, Bett!« Dann fängt sie an zu tanzen, und wir machen Kluburlaub im Wohnmobil.

Der neue Stellplatz liegt auf einer Anhöhe am Waldrand. Der Blick geht weit hinunter ins Tal, Schneebällchen hängen in den Ästen wie hingetupft, die Steinmauern, das Dach der Kapelle, alles ist weiß überzuckert, es ist, als ob wir in einem Adventskalender für Kinder umherstapften.

Da sehe ich eine Tafel am Wegrand und lese von einer möglichen Almwiesenbestattung in einer biologisch abbaubaren

Urne. Zurück im Womo, sage ich: »Da habe ich spontan Lust bekommen!« – »An wen hast du gedacht?«, fragt mein Mann.

Ich: »An mich.«

Er: »Krass ist, wenn man es kombiniert, also Campen und …«

Ich: »Stell dir vor, man ruft an und sagt: ›Wir bräuchten einen Stellplatz und einen Liegeplatz …‹«

Er: »… aber sagen Sie nichts meiner Frau. Ist 'ne Überraschung!«

Ich denke, wir benötigen vorerst keinen Esel zur Paartherapie. Nicht, solange ich über die Witze meines Mannes so laut lache, dass unsere Tochter wieder ruft: »Nein! Blöd hier!« Und mein Mann mir den Kaffee am Morgen, der bei uns seit Jahren nur »pain reducer« heißt, mit den Worten reicht: »Mit Liebe gemacht.« Obwohl er mich am Tag zuvor noch spontan zum »Dogstyler« an der Schnellstraße schicken wollte, nur weil ich tatsächlich aussehe wie ein Camper.

An diesem Januarmorgen nehme ich die Kaffeetasse mit hoch ans aufgestellte Panoramafenster. Auf dem Fahrersitz stehend, strecke ich den Kopf durch die Klappe und mache eine Art Kneipp-Kur für die Nase: oben schneefeuchte Bergluft, unten Raclettekäse in der Pfanne, immer abwechselnd; und als dann auch noch die Sonne herauskommt, verwandelt sich unser Fahrzeug von der Burg zur Skihütte. Wäre ich Coach, würde ich sagen: Womos sind kleine Zauberer.

Auf jeden Fall bringt unser Monster meine Seele zum Schwingen. Denn es zwingt mich, in Bewegung zu bleiben, innerlich und äußerlich, und jeder neue Tag, jeder neue Ort birgt die Chance, den Urlaub und das Leben noch einmal neu zu beginnen. »Womo fahren ist wie immer Neujahr feiern«, sage ich zu meinem Mann und klinge vermutlich wie ein Esel.

Dreieinhalb Jahre habe ich, die Anti-Camperin, gebraucht, um an diesen Punkt zu kommen. Während mein Mann, der geborene Camper, mit verquollenen Augen röchelt: »Noch zwei Nächte, dann ist's vorbei!«, sage ich: »Ach schade, ich wollte gerade ins Wintercamping einsteigen.«

Nächstes Weihnachten, habe ich beschlossen, wünsche ich mir Schneeketten. Auf jeden Fall aber möchte ich wiederkommen an diesen wundervollen Ort in den Bergen, zum Kapellchen und der Almwiese. Und wer weiß, vielleicht würde ich sogar länger bleiben – das aber erst beim übernächsten Mal.

DIE NATUR –
Frühling ist, wenn das Wohnmobil die Halle verlässt.

Lange dachte ich, Frühling habe etwas mit Krokussen zu tun. Jetzt weiß ich: Frühling ist, wenn ein 80-Jähriger auf das Dach seines Wohnmobils steigt. Früher sei er oft verschwunden, hatte der Mann erzählt, einfach die Nächte durchgefahren Richtung Süden. Doch das muss gewesen sein, bevor wir in seine Nachbarschaft zogen. Ich habe jedenfalls noch nicht gesehen, dass sich sein Wohnmobil bewegt. Auf dem Asphalt unter dem Mobil wächst ein grünlicher Belag.

Trotzdem beobachteten wir mit Hochachtung, wie er kurz vor Ostern auf eine Leiter kletterte und sein greises Monster putzte. Mit einem Lappen. Auf dem Dach. So, wie er es vermutlich all die Jahre gemacht hat. Vielleicht ist er auch schon 85, ich weiß es nicht genau, auf jeden Fall sind sie zusammen alt geworden, der Camper und sein Mobil, und natürlich pflegt er seine Liebe noch heute.

Für uns war es das Signal: Es ist Zeit, das eigene Wohnmobil aus der Halle zu holen. Wir leben doch alle im Rhythmus der Natur, und Frühlingserwachen ist Monstererwachen.

»Oh Mann, da hast du mir wieder was angetan!«, sagte mein

Mann, während er die meterlangen Bretter durch die Terrassentür wuchtete. Es war unser erster Packtag in der neuen Saison, und es ging um das hölzerne Hängemattengestell, das wir uns gegenseitig zu Weihnachten geschenkt hatten. »Du kannst wählen«, hatte ich beim Frühstück gesagt und eine Kunstpause eingelegt, in der ich den Gesichtszügen meines Mannes beim Entgleiten zuschauen wollte.

Natürlich hat er es sofort erraten, wir campen jetzt im vierten Jahr zusammen. Da hat man dieselben Bilder im Kopf. Zum Beispiel, wie ich voriges Jahr auf der Fahrt ans Meer ein SUP organisiert hatte, das sich praktisch zusammenfalten und in einer Tasche verstauen ließ.

Wie wir dann an einem brüllend heißen Sommertag vom Stellplatz an den Strand geradelt waren, mein Mann mit Kind im Anhänger, zwei Fahrradtaschen rechts und links und das praktisch zusammengefaltete Board auf den Rücken geschnallt. Wie er in die Pedale trat, gleichmäßig und kraftstrotzend, aber doch irgendwie angestrengt, während ich mal vorneweg fuhr, um mich dann wieder zurückfallen zu lassen, mit leerem Fahrradkörbchen. Um ein Haar hätte ich sogar geträllert.

Zur Strafe haben wir den Rest des Urlaubs nicht mehr draußen gegessen. Angeblich, weil der große Tisch in der Heckgarage nicht mehr zugänglich gewesen sei. Wegen des Boards. Na ja.

Das Hängemattengestell ist zwar schwer, aber doch viel schmaler als die unförmige Packtasche mit dem SUP, deswegen fand ich es eigentlich eine kluge Wahl, die mein Mann am Frühstückstisch getroffen hatte. Trotzdem hörte ich ihn fluchen: »So ein Blödsinn ... Wahnsinn.«

Ich überlegte kurz, ihn mit seinen eigenen Waffen zu schlagen. »Jetzt wollen wir uns die schlechte Laune mal nicht verderben lassen«, sagt er gern zur Versöhnung, wenn mal wieder alles etwas schwierig gewesen ist. Aber da hatte er selbst schon ein Thema gefunden, das ihn versöhnte.

»Ich habe übrigens gestern noch das Messer, das du mir geschenkt hast, von Hand geschliffen. Wie Rambo.«

»Und was willst du damit vor allem schneiden?«

»Tomaten. Nichts ist schöner, als zu sehen, wie das Messer durch die Tomate sinkt.«

Er lächelte und hob das Gestell geschmeidig wie ein Tänzer seine Ballerina in die Heckgarage.

Der Saisonstart ist nie ohne Mühe. Denn das Monster kommt bei uns nackt aus dem Winterschlaf, ohne Matratzen, ohne Bezüge, ohne Topflappen. Dieser Zustand verdankt sich nicht nur dem Bedürfnis, alles einmal durchzuwaschen am Ende einer Saison, in der man wie die Tiere gelebt hat, wie mein Mann immer so schön sagt. Vor allem geschieht die Entkernung aus Angst.

Es ist die Angst, eine Maus könnte das Monster fressen. Auffressen. Ich habe fürchterliche Geschichten gehört von Kleinsäugern, die sich im Wohnmobil erst ernähren und dann vermehren. Polster, Teppiche, Schaumstoff, alles zernagt, quasi Totalschaden. Seit Jahren fantasiere ich von Streckgittern, Netzen oder Stopfen, um die üblichen Zugänge zum Fahrzeug mäusesicher zu machen, nur welche sind das genau?

Ich mag Tiere, aber nicht alle. Bei unserer ersten Tour hatte ich darum gebeten, dass wir mein Dachfenster im Heck mit einer aufgeschlitzten Mülltüte abkleben. Was natürlich schade war, denn die Tüte war schwarz und blickdicht, und das Panoramafenster hatte zur Sonderausstattung gehört. Aber ich bin nicht mehr so nervenstark wie vor 20 Jahren, als ich in einem Hostel in Havanna den Kakerlaken auf meinem Moskitonetz beim Bergsteigen zusah. Ich möchte nicht mehr, dass es nachts kribbelt. Zumindest nicht so.

Und zuletzt hatte ich die mitgereiste Kakerlake eben im Rahmen des Panoramafensters gesehen und sie dann eingesperrt, indem ich das Fliegengitter blitzschnell zuzog. Gut, später stellte sich heraus, dass es sich vermutlich um eine freundliche Waldschabe gehandelt hatte. Aber halten Sie die mal auseinander, nachts um vier Uhr, wenn es freundlich kribbelt. Was mich nachdenklich stimmte, war nur, dass ich am Ende des Urlaubs, als ich die Versiegelung beseitigte, keine Leiche fand.

Am Abreisetag herrscht bei uns immer konzentrierte Arbeitsatmosphäre, auch wenn es zwischendurch zu kleinen Nickligkeiten kommt. Zum Beispiel beim Beziehen der sechs Matratzenteile, die das Bettenlager ergeben und die teils fast identisch geformt sind, aber eben nur fast, mit den dazugehörigen Spannbettlaken, die fast gleich groß sind, aber eben nur fast. (Ich: »Du darfst nicht mit den kleinen Teilen anfangen. Du musst nach dem Ausschlussprinzip vorgehen!«)

Oder wenn mein Mann mit panischem Unterton ruft: »Aber nur ein Tropfen Spüli!«, wenn ich ankündige, das Wohnmobil zu putzen. Nur, weil ich zu Beginn der Pandemie mal ein kleines Stück Plastikverkleidung am Klappfach weggeätzt hatte, na ja, eher angelöst hatte mit Desinfektionsmittel, im Bemühen, ein privates Hygienekonzept umzusetzen.

Als wir unser Wohnmobil startklar hatten, war es Abend geworden. Das passiert uns häufiger, doch das Wegkommen ist ein Wert an sich, weshalb wir schon einige spektakuläre Panoramastraßen bei Dunkelheit gefahren sind, zuletzt zwei verschneite österreichische Pässe beim Wintercamping. Dieses Mal rollten wir bei Vollmond durch den Spessart. Hinten zwei baumelnde Messer in Lederummantelung an den Haken der Küchenzeile, vor uns ein Rudel Rehe – das Roadmovie der Mittvierziger.

Zumindest unsere Pausen sind abenteuerlich. »Halt an!«, schrie ich bei unserem letzten Urlaub nach vorn. »Kann nicht!«, schrie mein Mann nach hinten, wo ich dem Kind mit Bauchkrämpfen gut zuredete. Mit Karacho nahm er die Ausfahrt von der Schnellstraße und hielt in der nächsten Parkbucht.

Während ich versuchte, das Wohnmobil vor einem frühzeitigen Wertverlust zu schützen, sah ich, wie sich ein Motorradfahrer in schwarzem Leder zielstrebig unserer Tür näherte, die Hände in die wippenden Hüften gestemmt.

»Mach was!«, zischte ich mit hochrotem Kopf.

»Kann ich Ihnen helfen?«, fragte mein Mann.

Der Mann in Leder guckte unschlüssig. Er musste alles mit angesehen haben, die zugeknoteten Müllbeutel, prall gefüllt mit den Überresten eines Windeldurchbruchs, die im hohen Bogen aus der Seitentür flogen, die verschiedenen Kleidungsstücke, die einzeln hinterherflogen. Sein Blick wanderte zu den Tüten am Boden, zu mir, zu meinem Mann und wieder zurück, so als wollte er die Hoffnung noch nicht aufgeben.

»Hier trifft man sich, wenn man mal 'ne schnelle Nummer schieben will«, sagte er.

Bis heute ist mir nicht klar, wer von uns beiden ihm hätte helfen können, mein Mann oder ich. Aber klar ist mir mittlerweile, dass ich ans Steuer muss.

Denn neben der Verdauung unserer Tochter sind die Ruhezeiten meines Mannes ein Grund, warum wir häufiger an einsamen Waldwegen in Autobahnnähe parken und es in der Folge zu Missverständnissen kommt. So wie beim letzten Urlaub, als ich das Wohnmobil mit einem schlafenden Mann verließ und von einem schnittigen Wagen mit getönten Scheiben, der sich direkt hinter uns gestellt hatte, zweimal mit dem Scheinwerfer angeblitzt wurde.

Außerdem hat jener namenlose Leser natürlich recht, der mir gleich zu Beginn schrieb. Er wünsche meinem Mann gute Gesundheit, da ich das Monster ja nicht fahren könne. Fand ich nett, dass sich da einer so einfühlt, und wenn ich meinen Mann manchmal so ansehe, mit seinem maladen Rücken, weiß ich auch nicht, ob er mit 85 noch auf das Dach eines Wohnmobils steigen wird.

Ich habe also angekündigt, dass ich diese Saison mit dem Training beginne. Ich werde es schon schaffen, denke ich. Ich kann ja auch anderes gut. Kommaregeln zum Beispiel. Oder vierblättrige Kleeblätter finden.

Mein erstes habe ich dieses Jahr zu Ostern zehn Meter hinter unserem Wohnmobil gepflückt. Wir waren auf einer Wiese gelandet, auf der es nichts gab außer Löwenzahn und Ruhe. Und natürlich habe ich in meiner Hängematte gelegen, während mir ein eisiger Nordostwind um die Nieren wehte. Nennen Sie es meinetwegen nicht campen. Nennen Sie es schaukeln. Spaß gemacht hat es trotzdem.

Wir aßen ramboscharf geschnittene Tomaten mit Mozzarella, fuhren durch ein eibehangenes Deutschland und nahmen auf dem Rückweg dieselbe Strecke durch den Spessart. Der hatte zwar im Dunkeln irgendwie besser ausgesehen, aber im Ganzen war es doch ein gelungener Ausflug.

So gelungen, dass unsere Tochter gar nicht mehr zurück nach Hause wollte. »Nein, Arbeit. Blöd Arbeit!« Aber Mama und Papa müssen Geld verdienen, um Wurstbrot zu kaufen, erklärten wir. »Doofblöd!«, jaulte sie. »Ich weiß«, tröstete ich. »Aber das nächste Mal fahren wir zu einem See, und dann nehmen wir auch unser Boot mit!« Leider konnte ich nicht sehen, wie mein Mann guckte. Aber ich glaube, er freute sich auch.

Die Kuschelhose

»Die haben bestimmt auch alle 'ne Kuschelhose«, sagte mein Mann und deutete mit dem Kopf zu den Nachbarn auf der Kuhwiese. Gesagt habe ich nichts, aber als ich zu dem Camper hinüberschaute, der es sich mit freiem Oberkörper und rasierter Glatze vor seinem Jeep gemütlich gemacht hatte, war ich mir nicht sicher. Doch wer weiß, vielleicht hatte er eine Kuschelhose im Dachzelt?

Ehrlich gesagt, kenne ich mich mit dieser Art Hosen nicht so aus. Ich kannte ja noch nicht einmal das Wort. Mein Mann hat es mit in die Ehe gebracht. Genauso wie die Hose selbst. Sie ist schwarz und aus Fleece und fließend am Bein. Ihm gefalle unter anderem das lockere Bündchen am Bauch, sagt er. Wenn es heiß ist, krempelt er sie bis zu den Knien hoch. Beim Wintercamping schläft er auch mal in der Hose, und auch sonst, sagt er, betrachte er sie als normales Kleidungsstück und verlasse durchaus das Wohnmobil in ihr. Nun ja. Den Campingplatz zumindest nicht. Darauf achte ich.

Als wir da so standen mit unserem Wohnmobil in Serienausstattung, umgeben von zwei Jeeps, sah ich, wie der Camper zur Rechten den Reißverschluss seines Dachzeltes öffnete. Auch er war, verglichen mit uns, ein cooler Typ, der dekorative Reifenspuren und Kamele auf den Lack seines Autos geklebt hatte.

Ich sah also, wie plötzlich eine einzelne Hand aus dem Innern des Dachzelts zum Vorschein kam und in der Metallbox wühlte, die ebenfalls auf dem Dach montiert war und ihm offenbar als Kleiderschrank diente. Zumindest hangelte er zunächst eine Unterhose heraus und legte im Gegenzug ein Schafsfell hinein. Und mir wurde klar: Auch der härteste Camper braucht untenherum manchmal etwas Kuscheliges.

DIE FAHRFEHLER –
Kann man viele machen.
Machen wir auch.

»Angst, Papa! Blut!«, rief unsere Tochter durch die geöffnete Fensterscheibe und beugte sich aufgeregt vor. Es war das Ende eines Zwischenfalls, von dem mein Mann sagt, so knapp seien wir der Katastrophe noch nie entkommen in den vergangenen vier Jahren. Schuld war der Mulch.

Mulch und 4,2 Tonnen, man hätte wissen können, dass das nicht zusammenpasst, aber der eine war gedanklich noch bei der extrem schmalen Einfahrt zwischen zwei Gatterpfosten, die andere schon bei den wolligen Jungtieren, die hinter dem Zaun umhersprangen.

Dann gab es noch die Überlegung, in welcher Richtung das Wohnmobil am besten stehen sollte, damit unsere Tochter nicht schnurstracks in den Weidezaun läuft. Der nämlich stand genauso unter Strom wie das Kind selbst, das gerade lernt, wie man sich aus dem Gurtsystem des Kindersitzes befreit. Also wendete mein Mann – sehr souverän, wie ich fand – auf engem Raum.

Sehr viel später, als wir zu viert mit Spaten und Mistgabel vor dem Wohnmobil standen und auf das linke Hinterrad starrten, das sich in den feuchten Mulch gefressen hatte, beeindruckend tief übrigens, sollte unser Gastgeber fragen: »Ist das euer Eigentum?« – »Ja«, sagte ich. »Gerade abgezahlt.« – »Oh!«, sagte er. Dabei hatte alles so vielversprechend begonnen: Frühlingscampen auf einer Tannenbaumplantage, beweidet von Schafen. Man campt ja heutzutage nicht mehr auf Campingplätzen, sondern auf bezahlten Wiesenplätzen, wahlweise Streuobst oder Gänseblümchen. Idylle gegen Geld, in unserem Fall: das Monster zwischen Lämmchen, herrlich. Da kann man sich gleich einen Baum aussuchen für Heiligabend, dachte ich, den man beim Wintercampen in der Adventszeit abholt. Wie romantisch.

Heute frage ich mich: War es ein Menetekel, dass mich mein Mann nur zehn Minuten zuvor fast beim Pinkeln überfahren hatte? In der Hocke umgemäht, vom eigenen Wohnmobil, auf einem Feldweg – was für ein unwürdiges Ende. Näher möchte ich nicht darauf eingehen, aber ich fand es wirklich unmöglich, dass mein Mann einfach rückwärts setzte.

Im Mulch aber hatten wir andere Probleme. Ich merkte, wie ernst die Lage war, als mein Mann zunehmend verstummte bis auf einige karge Sätze. Ob es hier vielleicht einen Spaten gäbe. Dass man nur wenige Versuche habe, bis der Überhang des Hecks drohe aufzusetzen. Er begann, das betroffene Rad freizugraben, mittlerweile gänzlich stumm.

Der ebenso bestürzte wie hilfsbereite Plantagenbesitzer wuchtete eine Betonplatte unters Fahrzeug, doch das Loch vor dem Rad, so befanden alle – einschließlich seiner Frau, die sich zunächst mit der Mistgabel betätigt hatte –, das Loch sei nicht tief genug. Die Betonplatte müsse wieder raus. Um die Spannung zu lösen, ließ ich meinen Blick über die Tannen wandern und fragte in die Abendstimmung hinein: »Wie viel wächst denn so ein Baum noch bis Weihnachten?«

Der Plantagenbesitzer schaute kurz nach unten, wo mein Mann gebeugt weiter schaufelte, sagte: »Das dauert jetzt«, und wendete sich mir und den Nadelhölzern zu. »Dann können wir auch Christbaumkunde machen.«

Circa 25 Zentimeter, war seine Antwort, glaube ich, aber vielleicht habe ich es auch falsch in Erinnerung. Ich war etwas abgelenkt durch das Geheul unserer Tochter, das aus dem Innenraum drang, und dem leisen, nachgeschobenen Satz des Plantagenbesitzers: »Ich hoff nur, dass die da nicht ranschlägt.« Also die Betonplatte an unseren Fahrzeugboden, wenn sich die 4,2 Tonnen plötzlich bewegen.

»Womo putt?«, fragte unsere Tochter, als wir eine Stunde später beim Abendbrot Szene für Szene noch einmal durchgingen. Wie die Plantagenbesitzerin die Sitzpolster von den Gartenmöbeln gebracht hatte, um die Gewalt der Betonplatte im Notfall abzufangen, wie wir zu dritt hinten angeschoben hatten und das Wohnmobil sich tatsächlich auf die Platte gesetzt hatte, gleich beim ersten Versuch. Dazu das Seufzen der Plantagenbesitzerin: »So ein Geschoss hatten wir hier noch nie!« Und das Jammern unserer Tochter: »Angst, Papa! Blut!«

Blut, das ist für unsere Tochter der Inbegriff des maximalen Entsetzens, das Wort, in dem sich alle Aufregung bündelt, so wie beim hingefallenen Hasenkind im Bilderbuch. Tatsächlich habe ich aber kein Blut bemerkt, weder in der Nacht, als ich mit Taschenlampe vor die Tür trat, ins Dunkel leuchtete und allüberall auf den Tannenspitzen goldene Lichtlein sitzen sah – okay, silberne. Es waren die Augen der Schafe, die das Licht reflektierten. Sah fies aus. So ein Glimmen.

Aber auch am nächsten Morgen nicht, als ich selbst am Steuer saß. 7,77 Meter auf einer winzigen, aber echten Straße. Sollte Gegenverkehr kommen, würden wir im Cockpit schnell einen Fahrerwechsel machen, hatten wir vereinbart. Ich lenkte bis zum Wendeplatz. »Du musst immer in die Seitenspiegel schauen«, erläuterte mein Mann mit sonorer Stimme. »Und beim Zurücksetzen auf das Display der Rückfahrkamera achten.« Ich schnaubte.

Ich nehme an, dass keine Absicht hinter seinem irritierenden Fahrmanöver stand – Sie wissen schon, das vom Vortag, auf dem Feldweg. Auch wenn ich meinem Mann von der Idee des Frauentauschs erzählt hatte, die einem Leser neulich gekommen war. Weil ich angeblich nichts Nennenswertes für die Familie leisten würde.

Glauben Sie mir, ich weiß, was ich für diese Familie leiste, und sie weiß es auch. Ich finde es eher drollig, dass mir mein Mann manchmal vorschlägt, wir könnten abwechselnd aufzählen, was er alles geschafft habe am Tag. Er nennt sich gern Zehntausendsassa, bevor er sich ein Bier aufmacht.

Was ich eigentlich sagen wollte: Ich glaube, mein Mann war einfach kurz unaufmerksam, als er losfuhr. Alles andere ergibt keinen Sinn. Zum einen sind wir glücklich verheiratet, und zum anderen bräuchte er ja etwas zum Tauschen.

Ich gehe zumindest weiter davon aus, dass mein Mann und ich Weihnachten zusammen feiern werden, vielleicht sogar im Wohnmobil. Das passende Bäumchen haben wir uns schon ausgesucht.

DIE REGELN –
Rede mit deinem Nachbarn!
Notfalls über sein Nummernschild.

Neulich hat uns auf der Autobahn ein Wohnmobil überholt, auf dessen Heck in großen Buchstaben nur ein einziges Wort stand: »Willi«. Sofort schoss es mir durch den Kopf: War es jener Willi, den wir auf einem Stellplatz am Fluss kennengelernt hatten? Waltrauds Willi?

Die Welt des Campings lässt sich ja in verschiedenen Systemen denken, und jedes hat seine eigenen Regeln. Da gibt es die geschlossenen Gesellschaften, fast ausschließlich von Dauercampern bewohnt. Ich erinnere mich noch, wie wir mal an einen solchen Ort von geradezu gespenstischer Abschottung geraten waren. »Hier kommt samstags der Bäcker und sonntags der Bestatter«, hatte mein Mann geflüstert. »Lass uns wieder fahren«, hatte ich zurückgeflüstert in dem Gefühl, dass bereits unsere Anwesenheit eine Regelverletzung darstellte.

Aber es gibt auch die anderen Plätze, die Spiegelbild der campenden Gesellschaft sind, offen für jedes Fahrzeug- und Lebensmodell, für rollende Wohneier wie für Monster und auch für einen Wohnwagen im Dornröschenschlaf, eingewachsen hinter einer Hecke mit der Aufschrift »Weltbummler«. Auf solch einem Platz waren wir neulich, und wissen Sie was? Es war richtig schön.

Schon bei der Anfahrt grüßte mein Mann schneller, als das Wohnmobil um die Ecke biegen konnte. »Ist wichtig!«, sagte er. Und ich winkte auch, etwas verhaltener. Decke raus, Spielzeug raus, Kind raus, Bier auf. Man muss uns die Freude angesehen haben, denn einer der Männer vom Pärchen-Camper gegenüber rief uns im Vorübergehen zu: »Ankommen und was trinken – das ist das Schönste!« – »Richtig!«, antworteten wir lachend und merkten, wie sich umgehend eine gewisse Biermilde einstellte.

»Warum redest du denn mit denen?«, fragte das Mädchen, das bei dem fremden Camper an der Hand lief, ein Besuchskind. »Das sind unsere Nachbarn«, erklärte der Mann, »mit denen kann man ruhig mal reden.«

Unsere Nachbarn sind zu viert angereist, verteilen sich aber auf zwei nebeneinanderliegende Parzellen, wobei sie schon frühmorgens den Tag miteinander teilen – und mit dem gesamten Platz. Während die Ersten aus den Fahrzeugen kriechen, um den Klappstuhl in die frühen Sonnenstrahlen zu schleppen, klopft Pärchen A an die Wohnmobiltür von Pärchen B, und der Mann von Pärchen A fragt die Frau von Pärchen B laut und auf Badisch: »Biste noch im Negligé?«

Sodass alle in den umliegenden Betten die Ohren spitzen, obwohl sie ahnen, dass weder die Frau von Pärchen B noch irgendjemand sonst auf dem Campingplatz die Nacht im Negligé verbracht hat. Höchstens die schöne Mira im Zelt, die arg fröstelte, als wir an ihr vorbeiliefen.

Campingplatz ist immer auch Kino im Kopf. Wer ist der Typ neben ihr auf dem Hocker? In welcher Beziehung stehen eigentlich die drei von gegenüber, zwei Frauen, ein Mann, ein Dachzelt? Das sind Fragen, über die man kurz nachdenken kann, während man den Eichhörnchenweg entlangschlendert.

Es ist nicht so, dass ich die rot-weißen Ketten, die die verschiedenen Parzellen abtrennen, nicht mehr wahrnehme, oder das Schild, das die »Platzruhe« im Namen der Campingplatzverwaltung regelt (12–14 Uhr und 22–7 Uhr).

Ich sehe einfach darüber hinweg, sehe die riesigen Bäume, die den kleinen Campingplatz einfassen, sehe unsere Tochter an der Hand meines Mannes den Waldpfad zum Badesee hinunterlaufen, sehe, dass alle dasselbe tun wie wir, meist sogar in demselben Rhythmus: frühstücken, zum See gehen, zurückkommen, grillen, schlafen. Und irgendwie rührt es mich, dieses allgemeine Streben nach dem kleinen Wochenendglück.

Ich spüre sogar einen Hauch von Grundgesetz und Erhabenheit durch die Platzordnung wehen, wenn ich unter Punkt 2 lese: »Anstand und Rücksichtnahme auf Ihre Nachbarn und Mitcamper sind Voraussetzung für einen angenehmen und erholsamen Aufenthalt.« Tatsächlich ist hier nur das Vogelgezwitscher ohrenbetäubend, morgens um 6 Uhr.

Niemand, finde ich, passt besser auf einen Campingplatz als unsere Tochter, paaren sich doch in ihrem Charakter verschiedene Anteile: halb Platzwart, halb Animateurin und immer bemüht, das Kommunikationsgebot durchzusetzen. Während wir Erwachsenen manchmal zwanghaft einen Anknüpfungspunkt suchen, zum Beispiel durch einen Blick aufs fremde Nummernschild, kennt sie nach einem Spaziergang zum Müll Bernhard und Ursel, Jenny und Tobi und eben auch Willi und Waltraud.

Selbst unsere maulfaulen Nachbarn zwang sie zum Sprechen. »Heißt du?« Die Frau guckte und schwieg. Ihrem Mann war die Stille sichtlich unangenehm, deswegen legte er selbst nach: »Werner.« – »Nee, du!«, rief unsere Tochter empört und trat einen Schritt vor Richtung Frau und bellte ihre Frage noch einmal: »Heißt du?« Es war nichts weniger als ein Machtkampf. »Gudrun«, murmelte die Frau ergeben.

Wenn es einen Traumberuf gäbe für unsere Tochter mit Downsyndrom, dann wäre es vermutlich dieser: Animateurin in Camp Hverringe mit Hausmeisterbefugnis. Camp Hverringe liegt in Dänemark und ist Paradies und Hölle zugleich. Streichelziegen, Zirkuszelt, »Let's twist again« aus Lautsprecherboxen, das war der Mix, als wir bei unserer allerersten Sommertour dort standen und auf der großen Campingplatzwiese . mit Meerblick tanzten. Drei Jahre war sie damals alt. Wir wissen, wenn wir jemals wiederkommen – und das werden wir irgendwann tun aus Liebe und Zwang –, dann können wir die Sache mit den Stellplätzen in der Natur für immer vergessen.

Mindestens so sehr wie den Twist liebt unsere Tochter jedoch regelkonformes Verhalten. Auf »Danke fürs Kochen!« im Wohnmobil muss die korrekte Antwort kommen, sonst folgt der Aufschrei: »Nein! Falsch! – Gerne!« Ihre Freude an Konventionen zieht sich bis zum Schlafengehen durch, wenn wir nebeneinander in der Koje liegen und sich im Dunkeln folgender Dialog abspielt.

Ich: »Wollen wir Händchen halten?«

Sie: »Nein, danke!«

Es mag sein, dass ich in meiner neuen Rolle als Herzblut-Camperin ein wenig zur Idealisierung neige – wie das so ist mit den Konvertiten –, aber tatsächlich scheinen mir Camper oft von besonderer Aufgeschlossenheit gegenüber unserer Tochter mit ihrer geistigen Behinderung zu sein.

Da verschenkt die Dauercamperin Rita einen handbemalten Stein aus ihrem Vorgarten. Da fragt die Sabrina, ob sie schlenkern wollen beim Hand-in-Hand-Laufen zu den Waschräumen, und auf der Schaukel wechseln sich Mia und Pia beim Anschubsen ab. Die Nachbarschaft auf Zeit hat die Chance auf besondere Herzlichkeit, weil sie eben genau das ist: begrenzt.

Zwar wundern sich gewiss die einen über die anderen, zum Beispiel die mit dem moosgrünen Dach in ihrem seit Jahrzehnten gewachsenen an- und umgebauten Zuhause, die genau das tun, was man zu Hause eben macht, Unkraut jäten oder Fernsehen gucken, über jene mit dem froschgrünen Sonnensegel: Warum nur will man unbedingt ausprobieren, wie man im Kastenwagen Brot backt? Doch trotz des wechselseitigen Wunderns ist ein Plausch immer möglich, und sei es nur über das aufziehende Gewitter.

Härter ist die Welt jenseits der Schranke. Dort, wo sich am Abend die Wohnmobile zusammendrängen, um am nächsten Morgen wieder auseinanderzudriften, wie neulich, auf dem Stellplatz eines Weinguts.

Es waren Szenen, geprägt von gegenseitigem Unverständnis, ja, Fassungslosigkeit. Auf der einen Seite die Wohnmobilfahrer mit ausgefahrener Markise, die sich ihren Spätherbst mit einem Weißherbst versüßten, bei fantastischer Fernsicht auf die Vogesen. Vielleicht war es auch Weißburgunder, ich weiß es nicht, das Angebot des Weinguts war so reichhaltig, dass kurz zuvor ein Camper eine Sackkarre mit vier Weinkisten von der Schenke bis zur Heckgarage geschoben hatte.

Auf der anderen Seite eine Gruppe junger Männer auf einem Anhänger, die sich von einem Traktor über die Feldwege hatten ziehen lassen, um direkt vor dem Stellplatz zum Stehen zu kommen und den Vatertag mit einem Lied ihrer Wahl ausklingen zu lassen: »Nur weil du eine Mumu hast ... hast du den Flieger ins Party-Paradies verpasst.«

Dann der wissbegierige Nachwuchstrinker, der sich den

Markisen näherte und sagte: »Ich hab da mal 'ne Frage: Warum macht man hier Campingurlaub?« Was er wohl meinte: Hier, unter einem Sendemast, wo man höchstens zum Saufen hinfährt? Darauf die Antwort, bemüht korrekt, aber auch ein wenig spitz: »Wir sind auf der Durchreise nach Italien!«

Tatsächlich bin ich jetzt in einem Alter, in dem mir beide Perspektiven zugänglich sind, jahreszeitlich gesprochen befinde ich mich irgendwo zwischen Spät- und Altweibersommer, je nach Tagesform.

Zumindest fand ich es übertrieben, dass irgendjemand die Polizei holte, und war doch erleichtert, als danach Ruhe im Weinberg einkehrte. Spürte einerseits ein wenig Schadenfreude, dass den raumgreifenden Premiumtrinkern die Fernsicht verhagelt wurde, während wir unseren Zwiebelkuchen mit Blick aufs Gestrüpp vertilgten. Wusste andererseits, dass ich selbst aus dem Fahrerhäuschen gesprungen war, um einen Platz in der ersten Reihe zu ergattern. Nur war der Weißherbst zu diesem Zeitpunkt schon lange ausgeschenkt.

Ich muss also hoffen, dass ich mit der Zeit schneller werde. Spätestens in meinem Spätherbst. Bis dahin nehme ich wieder Platz 78 am Badesee und träume von der großen Sommertour, ohne Nummern, ohne Schranke, mit nur einer einzigen Gewissheit: Am Ende wartet immer ein Meer – und der kleine Platzwart fährt mit.

Die Landkarte

Ich bin im Herzen analog, weshalb ich nichts schöner finde, als mir vor einer großen Tour eine ebenso große Straßenkarte von unserem Urlaubsland zu kaufen. An den Abenden, an denen ich mich im Geiste schon wegträume, aber noch auf dem Sofa sitze, verschwinde ich hinter ausgeklapptem Papier und sammele glückversprechende Orts- und Straßennamen.

Sind wir unterwegs, habe ich mein Kartenmaterial immer griffbereit, trotz Navi und Routenplaner auf dem Handy.

Die meiste Zeit des Jahres aber bleiben wir beim Campen in Wochenendentfernung. Doch ob in der Ferne oder in der Nähe, es kommt unweigerlich der Moment der widerstreitenden Interessen: Man hätte viele Ideen, was man gerade machen könnte, wozu man wirklich Lust hätte. Man kann aber nicht weg. Man ist, sagen wir es vorsichtig, familiär eingebunden.

Manche Männer und Frauen machen sich dann ein Bier auf. Ich suche Vierblättrige. Denn ich bin sehr talentiert darin, stark fokussiert wie Häschen in der Grube auf einer Wiese zu hocken und den Boden abzuscannen. Und Klee wächst fast überall, meist auch dort, wo man ohnehin gerade steht. Einmal habe ich sogar drei Vierblättrige hintereinander gefunden, innerhalb von zehn Minuten, während unsere Tochter neben mir schaukelte, und das auf einem Berggipfel. Mein Mann hat daraufhin sofort selbst gesucht, an derselben Stelle, natürlich erfolglos.

Früher habe ich die Vierblättrigen gerahmt und ins Kinderzimmer gehängt. Heute stecke ich sie in die dicksten Bücher, die ich im Wohnmobil finden kann: einen Stellplatzführer mit Bauernhöfen und den Reiseatlas Europa. Dort trocknen sie dann auf den hinteren Seiten und fallen mir eine Saison später wieder in die Hände. »Deine Mutationen«, nennt mein Mann meine Funde. Ich sage: Das Glück liegt mal auf der Straße, mal auf der Wiese.

DIE AUFGABEN –
Schämen Sie sich nicht für das Beifahren!

Eine der meistunterschätzten Tätigkeiten im Urlaub ist das Beifahren. Es klingt so leicht: ein bisschen durch die Gegend tingeln und auf dem Rückweg noch mal in den See springen. Aber Streckenführung gehört zu den vornehmsten Aufgaben an Bord und ist meist an eine bestimmte Position gebunden, nämlich die auf dem rechten Vordersitz.

Und natürlich spürt man Druck, wenn man nach zwei Stunden herrlicher, aber auch extrem kurviger Bergstraße, die man selbst zur Toproute erklärt hat, wenn man nach einer Fahrbahnverengung und einer letzten Passage mit romantisch tief hängenden Ästen, die den Lack der Seitenwand zerkratzen, wenn man dann also an die entscheidende Kreuzung kommt und das Schild sieht: 2,80 Meter Höhenbegrenzung. Wo doch die Höhe des eigenen Fahrzeugs knapp darüberliegt, ohne Antenne.

Eine neue Marotte meines Mannes ist, dass er während der Fahrt laufend unsere Durchschnittsgeschwindigkeit durchgibt und daraus Schlussfolgerungen für die verbleibende Reisezeit zieht. Geht mir wahnsinnig auf die Nerven. 27 km/h im Schnitt, Ankunft in sieben Stunden – wem sollen diese Zahlen helfen?

Ich weiß, dass ich mir nichts vorzuwerfen habe: Vor den

großen Touren studiere ich Kartenmaterial, schaue YouTube-Videos zu einzelnen Streckenabschnitten und entwerfe im Zusammenspiel von Wettervorhersage, Kilometerzahl, Straßenverhältnissen, Kindeswohl, Waldbrandgefahr, touristischer Attraktivität, Urlauberdichte, Kriminalitätsstatistik, Strandnähe und Stellplatzangebot eine mögliche Gesamtroute, mit Spielraum für tagesaktuelle Anpassungen.

Und am Ende bestimme ich noch die Baumart, unter der wir parken, und warne, wenn nötig, vor Eichenprozessionsspinnern.

Trotzdem – das ist das Verrückte – lassen wir uns treiben, folgen mal einem interessanten Wegweiser oder dem Tipp eines anderen Campers, und das macht das Ganze so interessant: Gefragt sind vorausschauendes Handeln und geistige Flexibilität. Anders formuliert: Wohnmobilfahren ist das Spiel mit Optionen, und Beifahren verlangt Führungskraft.

Ich zum Beispiel muss mich manchmal gegen zwei Navigationsgeräte durchsetzen. Eines davon, das eingebaute, ist schon länger kaputt, wobei es perfiderweise am Anfang der Tour immer funktioniert und erst später anfängt zu bocken.

Wir haben deshalb ein zweites an der Windschutzscheibe befestigt, das jedoch eine verborgene Einstellung zu haben scheint, die ebenso unveränderlich wie unerklärlich ist. Es muss eine Mischung sein zwischen »Wähle die beste Abkürzung, auch durch Wohngebiete!« und »Nimm die kleinen Straßen und lerne Land und Leute kennen!«. Diesem Navi muss man mit gesundem Menschenverstand begegnen. Und mit Härte.

Denn natürlich nehmen wir die kleinen Straßen, aber solche, die ich will. Und zu einem Zeitpunkt, den ich wähle. Für unsere Rückfahrt aus den Vogesen hatte ich zum Beispiel eine wirklich hübsche Route ausgesucht zwischen Felsen, Wald und Burgen, die sich auch daraus ergab, dass der See »abseits der Tourismusszenerie« liegen sollte, wie es in der Google-Rezension hieß. Und dabei noch auf dem Heimweg. Eigentlich genial.

»Vor mir der Tod, hinter mir der blanke Hass«, fasste mein Mann die Situation korrekt zusammen, wie mir ein Blick in den Seitenspiegel bestätigte. Immer neue Motorradfreunde auf der Gegenspur vor uns, Gas gebend, und eine beeindruckende Schlange von Motorradfreunden hinter uns, durchdrehend. »Aber die Gegend ist schon schön«, sagte ich. »Sieh es als Fahrtraining für die Alpen!«

»Ich soll hier 70 fahren!« knurrte mein Mann, während er umsichtig die nächste Felsnase umkurvte. »Siehste – selbst schuld, wenn wir bei 27 km/h liegen!«, sagte ich und legte ihm zugleich beschwichtigend meine schweißnasse Hand auf den Unterarm.

Was unsere Tochter zum Anlass nahm, sich abzuschnallen, vorzubeugen und ihrerseits eine schweißnasse Kinderhand nach vorn durchzustrecken. »Lieb, Papa!«, flötete sie. »Herrgott! Die eine fummelt hier, die andere fummelt da!«, entfuhr es meinem Mann. Nun ja, ich denke, in solch einer Situation ist das verständlich. Eigentlich ist er ein Familienmensch.

Es sind viele Güterabwägungen, die man vom Beifahrersitz aus treffen muss. Auch in Situationen wie dieser, wenn mein Mann sagt: »Ich nehm noch so 'nen Striezel!« Obwohl er genau weiß, dass alle gern das letzte Vanille-Eclair aus der französischen Bäckerei essen möchten.

Wie viel ist dran an dem Argument der drohenden Unterzuckerung, das er vorbringt? Geht es beim dritten Vanille-Eclair um ein Recht, ein Privileg oder ein echtes Bedürfnis des Fahrzeugführers? Und steht der Anspruch wirklich im Verhältnis zur Leistung? Andere besuchen für so etwas ein Seminar. Ich verlasse mich auf mein Bauchgefühl.

»Wir müssen zu K17«, sagte ich, während ich mit klebriger Fingerspitze auf dem Handy herumwischte. Der Zuckerguss meines Drittel-Eclairs hinterließ unangenehme Spuren auf dem Display. Wir fuhren drei Kilometer oberhalb eines entzückenden Bachlaufs in die eine Richtung. »Ah, das ist der Zulauf zum See«, sagte mein Mann. Dann erschien »K18« auf dem Bildschirm des Navis, wir wendeten und fuhren dieselben drei Kilometer wieder zurück. »Muss der Ablauf sein«, sagte mein Mann.

Als wir kurz darauf in ein Wohngebiet hinein- und wieder hinausfuhren, begann ich, die Google-Rezensionen des Badesees, die ich am Anfang der Tour durchgearbeitet hatte, laut vorzulesen. »Wunderschöner Weiher«, las ich, während mein Mann rückwärts aus einer Spielstraße hinausmanövrierte, »ein Ort zum Entspannen«, und hob meine Stimme fürs Finale: »Hausmannskost in bester Qualität und richtig preiswert.«

»Pommes!«, hörte ich unsere Tochter auf dem Rücksitz jubeln. Hoffentlich, dachte ich. »Wahrscheinlich dürfen wir da nicht parken«, sagte mein Mann.

Als wir ankamen, baumelte über der Einfahrt zum Parkplatz ein niedrig gehängter Querbalken, die Pommes waren ausverkauft und das Seeufer von Ameisenstraßen durchkreuzt. Noch während mein Mann mehrere spektakuläre Wendemanöver auf der Landstraße vollführte, sicherte ich der Familie ein Bratwürstchen vom Kiosk und ein hübsches Plätzchen unter Eichen.

Dann verschwanden unsere Tochter und mein Mann zum Schwimmtraining, und ich konnte endlich auf der Picknickdecke zur Ruhe kommen. Die Streckenführung, fand ich, war mal wieder gelungen gewesen, landschaftlich bestechend und für alle Seiten anregend. Ich spürte Zufriedenheit und auch ein wenig Stolz auf mein Team.

Doch wenn ich heute an diesen Ausflug zurückdenke, mit ein wenig Abstand und dem Erfahrungsschatz einer Alpentour im Hintergrund, muss ich zugeben: Wahre Meisterschaft zeigt sich erst im Erreichen der Baumgrenze. Und je größer die Herausforderungen sind, desto größer werden auch die Fragen.

Wie geht man um mit diesem Gefühl von Schuld, wenn sich die steile Straße rechts ab im weiteren Verlauf als »chaussée déformée« entpuppt, mit Wellen und Dellen im Asphalt, dazu einspurig am Berg? Wie soll man reagieren, wenn der Mann sagt: »Am meisten ärgern mich die Leitplanken, dann kann ich nicht ausweichen!« Und sich mit Blick in den Abgrund nur eine einzige stumme Frage im Kopf formuliert: »Ausweichen?«

Was antwortet man, wenn man einen überwucherten, verrosteten Kleinbus am Straßenrand passiert und der Mann sagt: »Das war das letzte Womo, das hier gefahren ist«? Und ist im Grunde nicht das ganze Leben eine einzige »chaussée déformée«?

Eines aber ist klar: Das kleine Fahrtraining vorab hat meinem Mann sicher nicht geschadet.

PS: Kennen Sie diese Sätze in der Ehe, die man nicht mehr vergisst? Ich erinnere mich zum Beispiel gern an jenen Moment, als wir mondbeschienen vor unserem Wohnmobil saßen und mein Mann sagte: »Du führst mich wie der Nordstern.«
PPS: Unseren Stellplatz jenseits der Baumgrenze erreichten wir übrigens damals mit einer Durchschnittsgeschwindigkeit von 23 km/h.

DIE KRISE –
Eine andere Geschichte.
Ein bisschen traurig.

Ich möchte Ihnen heute die Geschichte unseres Sommer-
urlaubs erzählen, und ich werde es anders tun als sonst. Nicht
so, wie man es auf einer Party täte, wo die Katastrophe der Witz
ist und das Leben eine Folge von Anekdoten. Ich möchte es so
schreiben, wie ich es einem Freund erzählen würde.

Traurig war vor allem, dass unser Kind nicht glücklich war.
»Hause?«, fragte unsere Tochter an jedem Tag, an dem wir
unterwegs waren. An den schlechten Tagen jede Stunde, an den
ganz schlechten alle paar Minuten. Diese ewige Wiederholung
ist etwas, das mich mit am meisten anstrengt im Alltag mit unserer siebenjährigen Tochter mit Downsyndrom.

Immer dasselbe spielen, nach dem immer selben Ablauf,
immer muss das Krokodil schnappen, nach fünf Sekunden
beim Kasperletheater, immer müssen wir Kochen spielen, ob
mit Knete, Sand oder Steinen, und gekocht wird immer dasselbe: »Reis und Müse«.

Und während ich das schreibe, zucke ich zusammen. Darf
man das schreiben? Dass mich mein Kind anstrengt, mein behindertes Kind?

Es fühlt sich an wie Verrat. Vielleicht ist das ein Grund, warum sich Eltern von Kindern mit Behinderungen oft zusammenfinden. Man muss nichts erklären. Man hat keine Rolle und keine Mission. Muss nicht erklären, dass wir unsere Kinder lieben, dass wir alles tun würden für sie, dass wir niemals ohne sie leben wollten, dass wir normale Familien sind mit einem normalen Maß an Glück und einem Übermaß an Sinnerfüllung.

Und dass wir trotzdem manchmal nicht mehr können, einfach rauswollen aus allem, Abstand, und genau das nicht hinkriegen, zeitlich, organisatorisch. Na ja, das Gefühl kennen vermutlich viele berufstätige Mütter, aber – wie meine Freundin so schön sagte: »Wenn du es über dein Kind sagst, klingt es gemeiner.«

Jetzt also Sommerurlaub. Eigentlich hatte ich mir einen anderen Anfang für diese Monster-Story überlegt. »Kennen Sie die Midholiday-Crisis?«, so wollte ich beginnen. »Es gibt die alten, abgehangenen Probleme und die neuen, nervtötenden, und dann gibt es noch die Midholiday-Crisis – überraschend leicht und frisch wie eine Meeresbrise.«

Hätten Sie lieber gelesen, nicht wahr? Wo Urlaub drübersteht, soll auch Urlaub drin sein. So ging es mir auch, als wir endlich losfuhren, erst in die Alpen, dann Richtung Atlantikküste.

Anders gesagt: Als die 24-Stunden-Rundumbetreuung wieder begann, nur mit wechselnder Kulisse und einem Kind, das erst langsam verstand, dass der Waldkindergarten zu Ende ist, das überhaupt länger braucht, um sich in neuen Situationen zurechtzufinden, das vermutlich all das vermisste, was eben noch seine Vormittage gefüllt hatte: Dreck in Schubkarren umherfahren, Bollerwagen ziehen, mit einer Rasselbande in Matschhosen spielen.

Ein Kind, das die Gefühle anderer so fein beobachtet und so feinsinnig auf jede fremde Gefühlsregung reagiert, aber für seine eigenen Gefühle nicht so viele Worte zur Verfügung hat, auch nicht mit sieben Jahren. Ein wichtiges Wort aber schon: »Hause?«

Ein Kind, das spürt, dass es mit diesem Wort Aufmerksamkeit bekommt, dass die Eltern es nicht schaffen wegzuhören, weil sie sofort ein schlechtes Gewissen bekommen: Machen wir etwas falsch? Muten wir unserem behinderten Kind zu viel zu?

»Ich hab keine Lust, meinen Urlaub auf einem Ponyhof mit Logopädie zu verbringen«, hatte ich einer Freundin gesagt, mit der ich an einem französischen Strand telefonierte. »Wir brauchen auch irgendwas!« Wir, mein Mann und ich. Freunde von uns, auch mit einem Kind mit Downsyndrom, schwören auf eine jährliche Woche »Mathe mit Ziegen«. Klingt wirklich gut. Mir graut trotzdem davor. Muss ich, will ich wirklich auch im Urlaub fördern?

Wir dachten ja, wir hätten sie gefunden, die Lösung: das Monster als Eier legende Wollmilchsau. Die Erwachsenen dürfen etwas erleben, rausgucken vor allem, das Kind darf im eigenen Bettchen schlafen, umrahmt vom eigenen Schneckchen, und bekommt verschiedene Strände und Spielplätze serviert.

Wir alle hatten Spaß an den Ritualen, die wir auch in unserem fahrenden Zuhause fortführten. Statt mit der alten Fahrradklingel zum Essen zu rufen, von der Küche ins Kinderzimmer, ließen wir im Wohnmobil einen Löffel in einem metallenen Schnapsglas klirren. Das Monster ist sogar groß genug zum Reiten für einen Jockey im Schlafsack und einen Papa mit Pferdestärke, kurz vor dem Gute-Nacht-Kuss.

Es funktionierte bisher, das Glück zu dritt. Dieses Mal nicht. Ich weiß noch, wie wir auf einem französischen Campingplatz standen und die Kinder hin und her flitzten, und wer nicht flitzte, wurde von den Eltern abgegeben zum Kinderprogramm: Ponyreiten oder Armbänder basteln. Und wie mein Mann und ich uns ansahen: Einfach aufs Pony setzen? Da würde sie schreien. Armbänder basteln? Da würde sie die Perlen hinter sich schmeißen.

Und würde man sie einfach flitzen lassen, wäre sie bald in einem fremden Zelt oder unter einem fahrenden Auto oder ganz woanders, denn unsere Tochter ist nicht nur schnell, sondern auch neugierig, und beides finde ich eigentlich toll. Wenn nicht ich es wäre, die auch ständig flitzen würde.

Wieder einen Moment später zerreißt es mir das vom Flitzen rasende Herz, wenn ich sehe, wie unsere Tochter, getrieben von der Sehnsucht nach einer Freundin, bereit ist, ihr Herz einem anderen Kind vor die Füße zu legen, genauer gesagt: jedem anderen Kind, das sie nett anschaut.

Aber irgendwie klappt es oft nicht so recht, weil unsere Tochter anders spielt und weil andere Kinder versteinern, wenn unsere Tochter, mitgerissen von der eigenen Begeisterung, gleich beim ersten Kontakt das fremde Kind umarmt. Natürlich verstehe ich das andere Kind, das Stocksteife, Verschreckte, aber natürlich ist mein Gefühl bei meinem Kind, das nicht versteht, warum es wieder nichts wird mit einer neuen Freundin am Strand.

Und noch einen Augenblick später habe ich plötzlich diese Wut, keine Ahnung auf wen, mit der ich das Treiben auf dem Campingplatz beobachte, und man hört diese Wut, wenn ich zu meinem Mann sage: »Wir sind wieder mal die Einzigen hier!« Die Einzigen, die mit einem Kind mit Behinderung unterwegs sind.

Sie merken schon, man gerät ins Jammern, obwohl es sich

nicht gehört. Gelassen soll man sein. Wäre ich gern. Ich wäre auch gern geduldiger, würde gern weniger schimpfen. Selbst meine Tochter nervt das so sehr, dass sie neulich am Strand einfach aufstand und meinem Mann hinterherlief zum Wohnmobil.

»Sie wollte einfach weg von mir«, erzählte ich meiner Freundin, ein bisschen traurig, ein bisschen beleidigt, ein bisschen schuldbewusst. »Und das wollte sie so sehr, dass sie sogar die Felsen hochkletterte. Flink wie ein Wiesel, wo sie doch sonst immer sagt: ›Hand!‹«

»Aber eigentlich ist das eine super Geschichte«, sagte meine Freundin. »Sie kann klettern!« Und natürlich hat sie recht. Was vergisst man nicht alles, wenn es hinter einem liegt – als Erstes die Demut.

Hätte ich das geglaubt vor sieben Jahren, als die Ärzte neben der Trisomie 21 noch den Wasserkopf und den Herzfehler feststellten und die Mangelernährung im Mutterleib? Hätten es die Ärzte für möglich gehalten mit ihrem Ultraschallstab in der Hand? Zweimal nein.

Und jetzt bin ich bei dem angekommen, was ich eigentlich sagen wollte. Wissen Sie, warum ich Ihnen so gern unsere Geschichten vom Campen erzähle? Weil ich sie mir selbst gern erzähle. Weil Campen fröhlich macht, auch wenn es nicht immer lustig ist, würde ich auf einer Party sagen. Weil ich versuche, die Leichtigkeit festzuhalten, sage ich jetzt.

Denn sie kommt ja unvermutet, die Leichtigkeit, wenn wir auf einem Campingplatz auf einmal Teil einer Fußballmannschaft werden. Sie stellt sich ein, wenn ein Mädchen vom Nachbarcamper angelaufen kommt und ein kleines Wunder vor unseren Augen geschieht: Die Kinder spielen, die Erwachsenen spielen nicht. Sie ist plötzlich da, wenn wir zu dritt an einem menschenleeren Strand im Kreis laufen und dazu singen: »Der Plumpsack geht um.«

Manchmal muss man sie auch locken, vielleicht sogar sanft erzwingen, diese Leichtigkeit. So wie an jenem Sommerabend, als unsere Tochter erst zehn Minuten lang schrie, die Musik auf dem Campingplatz, die andere Animation nennen, sei zu laut, und ich beschloss, mein Kind zu schnappen und zur Bühne zu laufen.

Es spielte eine dröhnende Altmännerband, und wir fingen an, mit den Hüften zu wippen und uns gleichzeitig die Ohren zuzuhalten – und plötzlich machten die anderen mit, und wir wurden ein wippendes, lachendes Publikum mit dem Zeigefinger am Ohr, und eine Camperin im weißen Flatterkleid rief: »Ist viel besser so!«

An dem letzten Morgen, an dem wir mit Blick auf den Atlantik aufgewacht sind, habe ich mich noch einmal hinausgeschlichen aus unserem Wohnmobil, während die anderen noch schliefen, anderthalb Stunden allein auf einem Trampelpfad über den Klippen, Meer, einfach nur Meer, herrlich, und dann, als ich in die Einfahrt unseres Campingplatzes einbog, wehte plötzlich Musik aus dem Waschmaschinenraum.

Drinnen saß ein deutscher Camper auf einem Plastikstuhl, unter sich ein Schafsfell, neben sich eine Tasse Milchkaffee, und spielte Akkordeon. Seit mehr als 20 Jahren käme er jetzt auf diesen Campingplatz am Atlantik, erzählte er, seine Kinder hätten hier ihre Sommer verbracht, nun sei sogar das Enkelkind mit dabei, aber erst jetzt habe er diesen Raum für sich entdeckt, diese Akustik. Er schaute auf die gefliesten Wände, den gekachelten Fußboden, die schräge Decke und sagte: »Es ist wie in einer Kapelle!«

Ich holte unsere Tochter aus dem Wohnmobil, die gerade

beim Toben vom Hubbett gefallen war, pustete auf sämtliche Körperteile, die mir entgegengestreckt wurden, und sagte: »Komm, wir ziehen das Tanzkleid an!«

Dann liefen wir Hand in Hand zum Sanitärgebäude, sie noch mit verweinten Augen, der Camper spielte »Es tanzt ein Bi-Ba-Butzemann«, und unsere Tochter klatschte und drehte sich mit wehendem Kleid, streckte ein Bein in die Höhe. Es sah aus, als würde sie zwischen Trockner und Waschmaschine Flamenco tanzen, und kaum war das Lied zu Ende, rief sie: »Noch mal, bitte! Bitte!«

Es war eine der besten Viertelstunden unseres Urlaubs, und wenn mich jemand fragt, warum ich gern campen gehe, dann lautet die Antwort auch: Weil man nie weiß, ob am nächsten Morgen ein Zauber über dem Waschmaschinenraum liegt.

PS: Ach ja, möchten Sie wissen, wo ich diese Zeilen geschrieben habe? Ich bin ein Wochenende lang vor meiner Familie geflüchtet. Ich bin jetzt dort, wo Ruhe ist. Oder wie meine Freundin sagte: »Jetzt sitzt sie da in ihrem kleinen Auto, und das ist ihr Müttergenesungswerk.« So ist es. Nur klein ist das Auto nicht. Es ist ein Monster.

Der Beistelltisch

Gekauft hatten wir das Tischchen mit den klappbaren Beinchen mit einem wahnwitzigen Gedanken, nämlich dem, man würde beim Campen sitzen. Und dazu etwas Angenehmes trinken. Wozu man ein niedriges Tischchen bräuchte für das Glas. Jetzt ist klar: Wir sind Eltern. Wir sitzen nicht. Oder nur kurz. Und wenn, dann nur für einen höheren Zweck.

Der Tisch hat trotzdem eine steile Karriere gemacht bei unseren Monstertouren. Mein Mann stellt seinen tragbaren Gasgrill darauf ab, und der Platz reicht sogar für seine Grillzange, die ich ihm mal zum Vatertag geschenkt habe, und ein Bier.

Nach dem ganzen Gerenne – Stützen herunterkurbeln, Markise abspannen mit Sturmbändern und so weiter – ist der Platz hinterm Rost seine Vater-Grill-Kur. Oder wie mein Mann es formuliert: »Ich sitz jetzt hier und guck.« Wenn er mal nicht guckt, spielt unsere Tochter an dem Tisch Kochen, und ich denke, es wird nicht mehr lange dauern, bis sie Grillen spielt. Für mich hingegen hat der Tisch seine Schuldigkeit getan, wenn er einen schweren Wasserkanister trägt und ich, ganz mütterlich, meine Familie zum Outdoor-Händewaschen zwingen kann.

Campingurlaub ist so etwas wie Ehe im Quadrat, das heißt, die Eigenheiten des Partners oder der Partnerin fallen nicht nur besonders ins Auge, sondern die nervliche Belastung potenziert sich aufgrund der äußeren Umstände: Hitze, Enge, versperrte Fluchtwege. Ich weiß, dass mein

Mann findet, ich habe einen Händewaschzwang. Ich dagegen finde, er ist eine Camping-Mimose. Er ist nämlich, trotz Ohrenstöpsel, nachts so geräuschempfindlich, dass ich auf einer Tour im Logbuch notiert habe: »Will den Hahn umbringen«, und kurz darauf: »Will den Kirchturm sprengen.« Der Blick in die Gasflamme aber scheint ihn zu beruhigen so wie mich die Gewissheit von sauberen Händen, und so trägt der Beistelltisch auf seine Art zum Familienfrieden bei.

DIE RÜCKFAHRT –
Die Kunst, einfach nach Hause zu fahren

Rückfahrten sind eine Kunstform, die man beherrschen muss. Das sage ich als jemand, der es geschafft hat, auf einer Rückfahrt 400 Schlösser an der Loire zu verpassen und in der Champagne keinen Champagner zu trinken. Das Problem ist, wie so oft im Leben, der eigene Anspruch. Und die Unersättlichkeit, gepaart mit Trauer.

Man will den Urlaub ausquetschen wie eine Zitrone, das Letzte aus ihm herausholen, bevor er zu Ende geht, und wählt deshalb eine besonders vielversprechende Route. Auf der anderen Seite will man Strecke machen, weil man weiß, was einen zu Hause erwartet: unangenehme Post, halb vertrocknete Blumen und alles, was liegen geblieben ist. Aber auch, und das ist Trost und Verlockung, eine heiße Dusche, und zwar die eigene, in der man nichts hört außer sich selbst und das prasselnde Wasser.

Und es erwartet einen: Platz. Egal, wie groß oder klein das gemauerte Zuhause ist, größer als das Wohnmobil ist es in jedem Fall, weshalb wir uns nach der Ankunft alle sofort verstreuen, um das wiedergefundene Raumgefühl zu genießen.

Natürlich lieben wir die Gemütlichkeit unseres Monsters. Aber es gibt im Laufe der langen Touren einfach Momente zu großer Nähe. Gerade in Extremsituationen. Als mir mein Mann nach einer Hitzeperiode von zwei Wochen auf einmal sehr nah kam im Wohnmobil, er am Kühlschrank, ich vor der Badtür, sagte ich kurz vor dem Hautkontakt: »Kannst du mal weggehen? Du strahlst ab!« Wärme. Und er schnauzte nach einer einwöchigen Regen- und Unwetterperiode, als ich tropfnass unter der Markise stand und eintreten wollte: »Kannst du dich draußen abschütteln, bitte?!«

Selbst unsere Tochter, eine große Freundin von Gemütlichkeit, freut sich schon bei der Abfahrt darauf, bei der Heimkehr wieder durchs Wohnzimmer zu wirbeln. »Mama aufräumen, ich tanzen!«, sagt sie gern, wobei ich schon weiß, welches Lied ihr vorschwebt: »Lasst uns froh und munter sein«. Das Musikvideo hat ihr mal der Nikolaus geschenkt; seitdem läuft es nach jeder Tour, auch bei 32 Grad im Sommer.

Als ich einmal versehentlich eine Kiste mit unserem Wohnmobil-Inventar auf ihrer Tanzfläche abgestellt hatte, rückte sie diese erbost zur Seite und rief: »Brauch Platz hier!« Das kam ihr so flüssig über die Lippen, dass sich jede Logopädin vor Freude selbst ein Paar Seifenblasen gepustet hätte. Beim Campen lernen Kinder einfach viel, »mobile schooling« nennt man das, glaube ich.

Während sie also raumgreifend tanzt, entleeren wir das Wohnmobil. Vermutlich gehören wir zu den einzigen Menschen im ganzen Viertel, bei denen die Nachbarn den gesamten Hausstand kennen. Wie oft habe ich schon, das Federbett im Arm, hinter dem Kopfkissen hervorlugend, jemanden gegrüßt! Wie viele Augenpaare hinter Fensterscheiben haben beobachtet, wie ich bei der Abfahrt erst viele Groß-, dann viele Kleinteile ins Fahrzeug schaffte.

Während mein Mann alles in aufklappbaren Kisten sammelt,

habe ich Freude daran, mir ein paar Sachen zu schnappen, die ich sonst garantiert vergessen würde, und leichtfüßig zum parkenden Wohnmobil zu hopsen, in der Hand eine Packung Tabletten, über dem Arm ein paar baumelnde Ladekabel, unterm Arm das Logbuch. Nach dem Urlaub hopse ich nicht mehr. Da schleppe ich säckeweise Schmutzwäsche ins Haus. So wie nach dieser einen Sommertour, die mit der schrecklichsten Rückfahrt aller Zeiten endete.

Diese schrecklichste Rückfahrt hatte hübsch begonnen auf einem Campingplatz am Ufer der Loire: Hausboote im Strom, hingetupfte Wolken, die sich im Wasser spiegelten, eine Märchenlandschaft in Pastell. Das Einzige, was fehlte, war ein Schloss. Eines dieser 400, die es in der Umgebung geben sollte, wie ich auf dem Handy gelesen hatte. Ich tüftelte also eine Route aus mit einem fantastischen Schloss wie auf einem 5000-Teile-Puzzle, das auf dem Weg zur Autobahn liegen sollte.

Leider hatte mein Mann in jener Nacht sehr schlecht geschlafen, weshalb er unser Wohnmobil, als wir das Schloss erreichten, mit letzter Kraft in eine Parklücke des Schlossparkplatzes manövrierte und sich hinlegte. Ich dagegen manövrierte unsere Tochter zum Schlosseingang in der Erwartung, dass man das Fantastische auch von außen werde sehen können, und murmelte etwas von Dornröschen. Aber da waren nur Schlossmauer, Schlossgraben, Schlosspark und eine sehr lange Schlange an der Kasse.

Wir warteten an den Picknicktischen am Graben, bis mein Mann ausgeschlafen war, dann fuhren wir weiter zu einem zweiten Schloss, das ebenso auf dem Weg zur Autobahn lag. Nur war der Verkehrsfluss, in dem wir uns plötzlich befanden, so reißend, dass ich mir den Hals verrenkte, um einen Blick auf die vielen Türmchen zu erhaschen, während wir bereits eine Brücke überquerten und mein Mann, nun hellwach, das Wohnmobil heimwärts trieb.

Was soll's, dachte ich, Essen ist auch Kultur, wir halten einfach in der Champagne auf einem romantischen Weingut, das nahe der Autobahn liegt, bestellen eine schmackhafte Kleinigkeit und stoßen auf den gelungenen Urlaub an. In der Champagne aber war Ernte- und Urlaubszeit, kein Stellplatz frei, und als wir uns einen der vielen Weinberghügel hochwanden, mittlerweile nicht mehr in Champagnerlaune, sondern hungrig, als wir endlich das Dörfchen erreicht hatten, in dem vermutlich kein Mensch mehr wohnte, noch nicht einmal einer der tausend Delikatesshändler, die in ihren Lädchen auf Touristen warteten, stellten wir fest: Es hätte in der Dorfmitte durchaus einen Wohnmobilparkplatz gegeben. Wenn, ja, wenn dort nicht schon andere delikatessenfressende Camper in Reihe gestanden hätten und wenn nicht der letzte Abschnitt der für Wohnmobile markierten Fläche von einem Pkw besetzt worden wäre, dessen Besitzer sich als Camper verstand, weil er im Kofferraum schlafen wollte, nur dass er eben mit seinem unverhältnismäßig kleinen Fahrzeug kostbare Parkfläche verschwendete, die eigentlich großen Fahrzeugen zugedacht worden war.

So redeten wir uns in Rage, während wir uns den Hügel wieder hinunterwanden. Sie kennen das vielleicht: Man wird ungerecht, wenn der Hunger wächst. Vom Beifahrersitz aus rief ich bei einem anderen Weingut an, das zwar leider keine Weinstube anbieten konnte, aber immerhin ein Plätzchen für die Nacht und einen Supermarkt in der Nähe, der jedoch bald schließen würde.

Als wir das Weingut erreichten, kurz bevor seine schmiedeeisernen Tore zuschwangen, und einen Platz auf dem altehrwürdigen Anwesen zugewiesen bekamen, als klar war, dass wir weder Delikatessen noch Supermarktwaren würden essen können, sondern nur Nudeln ohne Soße im Wohnmobil, beschloss ich, wenigstens eine Flasche Champagner zu den Nudeln zu kaufen.

Doch als ich mit einer gekühlten Flasche vom Empfangsbereich des Weinguts, in dem eine Ahnengalerie von Champagnerkönigen hing, ins Wohnmobil zurückkehrte, erklärte mir mein Mann, er habe auf dem Weg zum Stromkasten einen Hundehaufen neben dem anderen auf der Grasfläche entdeckt, im Grunde sei alles rund um das Wohnmobil ein einziger Hundehaufen, und deshalb wolle er jetzt wieder fahren.

Mit einbrechender Dunkelheit waren wir wieder auf Kurs nach Hause, es war immer noch derselbe Tag, der an der Loire begonnen hatte, nur, dass wir jetzt eine Flasche Champagner dabeihatten auf der Autobahn.

Tief in der Nacht erreichten wir mit leeren Mägen den Campingplatz eines niederländischen Buddhas. Gütig hatte er die Schranke offen gelassen für Spätankommende, und die Frage, die er meinem Mann stellte, nachdem dieser Runde um Runde den Campingplatz abgefahren hatte, weil er nicht wusste, wohin er unsere 4,2 Tonnen steuern sollte auf der vom Regen aufgeweichten Wiese, klang noch lange in der Dunkelheit nach.

Bevor er uns den richtigen Weg mit der Taschenlampe ausleuchtete, fragte der Buddha weise und mitleidig: »Was fährst du hier rum? Warum bringst du dich selbst in Schwierigkeiten?«

Das wiederum ist eine Frage, über die nicht nur Camper mal nachdenken können.

DIE UNTREUE –
Ich schätze die Erotik der Wasserwaage.
Mein Mann leider nicht.

Wenn der Herbst kommt, ist es schön, in der Herde zu stehen. Es wird früh dunkel, und so lässt man noch das letzte verbleibende Licht hinein, bevor man die Jalousien schließt – und freut sich, in der Dämmerung in die wohlig warm erleuchteten Windschutzscheiben der anderen zu sehen, Menschen beim Essen zuzuschauen, versammelt um den Wohnmobiltisch, während draußen der Wind durch die Tannen pfeift.

Es war das erste Mal, dass ich das Gefühl hatte, unterwegs nach Hause zu kommen. Wir kennen viele Ecken des Schwarzwalds, zu jeder Jahreszeit, aber hier, wo die Monster im Kreis stehen – Seit' an Seit', Kopf an Kopf, wie die Kühe auf der Weide, die sich um die Futterkrippe drängen –, hier kennen wir jede Biegung des Baches und jeden Spätzleteller im Tal.

Und vielleicht gibt es keinen besseren Ort als in der Geborgenheit der Herde, um zur Ruhe zu kommen. Und keinen besseren Zeitpunkt, um Bilanz zu ziehen, als auf dieser letzten Tour des Jahres, bevor das Monster in den Stall getrieben wird. Wo stehen wir – innerlich? Und wie passt das zu dem, was die anderen von außen in unserem erleuchteten Wohnmobil sehen?

Sie sehen zum Beispiel einen Mann, der seiner Frau nach dem Abendbrot wortlos die Küchenrolle reicht. Eine Frau, die wortlos ein Blatt Papier abreißt und beginnt zu wischen. Einen Mann, der sich wortlos neben seine Frau stellt, mit einem Beutel in der Hand.

Aber ob sie auch merken, wie groß die Vertrautheit ist in diesem Vorgang, wie groß die Harmonie in diesem fast meditativen Vorsäubern von Tellern und Messern, dem Entfernen von Butter- und Soßenresten, damit es derjenige, der später spült, leichter hat in dem kleinen Waschbecken?

Es ist eine Arbeit, die ein paar Minuten in Anspruch nimmt, doch an jenem Abend lag tiefer Frieden über dem Geschirr. »Einen Moment noch!« – »Ja, ja, mach ruhig!« – »Kennst du noch diese kleinen Figuren, ›Liebe ist …‹?« – »Du meinst: Liebe ist, wenn einer dem anderen die Mülltüte aufhält?« Tatsächlich war ich froh um die Nähe meines Mannes, denn so tropfte nichts auf den Boden.

Die Szene ist mir auch deshalb in Erinnerung geblieben, weil sie für einen Gleichklang steht, den mein Mann und ich selten im Themenbereich Ordnung finden. »Wenn ich ein Fisch geworden wäre, wäre ich Scheibenputzer geworden!«, hatte mein Mann auf unserer Sommertour gesagt, als er unseren Wasserkanister von außen reinigte.

Es ist einer dieser Sätze, für den ich ihn liebe. Er hätte ja auch Teufelsrochen sagen können oder Walhai. Immerhin ist er ehemaliger Rettungsschwimmer. Aber die Einsicht, dass es auf einen Putzerfisch im Aquarium hinausgelaufen wäre, finde ich ebenso reif wie komisch.

Gern gewähre ich ihm deshalb seine »Bitte um Freistellung«, wie er sie nennt, wenn er zum Saisonende verschwindet, um das Wohnmobil von außen abzuscheuern. Was genau er da treibt in den vielen Stunden der Abwesenheit, weiß ich gar nicht. Aber er kommt immer sehr glücklich und verschwitzt aus der Waschanlage, so, als hätte er eine Art Hochzeitstag mit unserem Wohnmobil gefeiert.

Das Motto, das wir einst für unsere Hochzeitstage wählten, lautete: Gold oder Zärtlichkeit. Nun sind es schon viele Jahre Zärtlichkeit, aber ich will nicht klagen. Ich habe mir im Sommerurlaub einfach selbst einen winzigen goldenen Anhänger gekauft in den 20 Minuten, in denen ich meinerseits freigestellt war. Und mein Mann hat sich zur Erinnerung an unsere Frankreichtour einen französischen Besen mitgebracht.

Je länger eine Beziehung dauert, desto wichtiger ist es, dass man sich gegenseitig Zeit schenkt: Zeit für sich selbst und Paarzeit. So gesehen lebte das Ehepaar, das mein Mann auf unserem Stellplatz im Schwarzwald beobachtete, eine besondere Form der Innigkeit: Gemeinschaftlich trugen Mann und Frau ihre Chemietoilette zur Entleerung. Erst nahmen sie den Kasten in die Mitte wie ein Kind. Dann trug er die Toilette vor der Brust wie ein Gastgeschenk, und sie hakte sich bei ihm unter auf dem Weg zum Ausguss.

Man sagt ja, man werde sich immer ähnlicher im Laufe der Ehejahre. Bei uns aber ist es so, dass wir den Zeitpunkt der maximalen Ähnlichkeit anscheinend nichts ahnend überschritten haben, sodass wir uns erst aufeinander zu und dann wieder voneinander weg entwickelt haben, und zwar so lange, bis jeder die ursprüngliche Position des Gegenübers eingenommen hat.

Kurz gesagt: Ich habe eine Bücherwand mit in die Ehe gebracht und mein Mann den Camper-Verstand. Und nur ein paar Jahre später liest mein Mann meine Romane, und ich lese keinen einzigen mehr, dafür den Ausrüstungskatalog. Außerdem bin ich es, die immer wieder zum Aufbruch drängt.

Ich weiß noch, wie ich mir an einem Bahnhofskiosk meine erste »Promobil« gekauft habe. Es war ein Gefühl wie bei der ersten »Bravo«. Eine neue, geheimnisvolle Welt tat sich auf in dieser Zeitschrift für Wohnmobilfahrer, eine Welt der Modulmöbel, Raumbäder und Einfüllstutzen, in der sich Ratschläge fanden zu Schlauchlängen, Schlauchbeschaffenheiten und – auch das: Schlauchdurchmessern.

Ich tauchte ein, schaudernd. Hier gab es Antworten, spürte ich, wichtige Antworten. Einmal trennte ich sogar ein paar Seiten heraus und übergab sie meinem Mann zur Archivierung, so wegweisend fand ich die Tipps zur Wassertankhygiene.

Heute, nach 45 000 Kilometern Gesamtstrecke und fast viereinhalb gemeinsamen Jahren im Wohnmobil, stehen wir an einem anderen Punkt. Und wie so oft beginnt die Untreue in der Fantasie. Es sind nur verstohlene Bemerkungen, die wir manchmal machen, als könnte uns das Monster hören. Wäre ein anderes Wohnmobil vielleicht geeigneter für uns? Eines mit Alkoven, wo alles schön verstaut ist, vor allen Dingen mein Mann?

»Ich bin ja nur der B-Schläfer«, maulte er neulich, vorne in seinem Hubbett. »Der C-Schläfer«, korrigierte ich sanft.

Wie die Rangordnung ist, wurde mir im vergangenen Sommer klar. Da öffnete ich die Tür zum Bettenbereich und fand ein Kind vor, das ich anders in Erinnerung hatte. In der Koje lag kein zusammengerollter Blondschopf, kein zartes Mädchen, das aussah wie ein campender Engel. Die siebenjährige A-Schläferin lag breitbeinig auf dem Rücken und schnarchte, als sei sie gerade vom Junggesellenabschied heimgekommen.

Mittlerweile muss ich mich nachts sogar hinter einem alten

Stillkissen verstecken. Das hatte ich anfangs als Schutzwall um ihr Köpfchen gelegt, aus Angst vor Beulen. Doch längst bin ich es, die blaue Flecken fürchten muss, wenn sich die A-Schläferin entscheidet, quer zu schlafen und zu treten.

Ich verstehe, dass es für meinen Mann nicht leicht ist, mit dieser Diskrepanz umzugehen, der Diskrepanz zwischen der Verantwortung, die er als Fahrzeugführer trägt, und der Hierarchie im Alltag. »Der Captain steigt zu«, sagt er oft, wenn er sich ins Cockpit schwingt, und ich lasse ihm die Freude.

Es reicht ja, wenn der Satz bei unserer Tochter Wirkung zeigt. Wie sehr, offenbarte sich am Ende unserer Sommertour. Da saßen wir alle noch ein letztes Mal am Strand und konnten uns nicht losreißen. Also versuchte ich es mit einem pädagogischen Trick. Ich nahm den mitfahrenden Kuschelhasen und ließ ihn sprechen: »Los, Abfahrt! Captain Häse hat's gesagt!« Woraufhin unsere Tochter rief: »Nee, Captain Papa!«

Dennoch scheint das Thema einen wunden Punkt zu berühren, oder mein Mann ist ein wenig empfindlich geworden. Kürzlich jammerte er, er habe ja »keine Farbe« bei den Handtüchern. Nur, weil ich bei der Erstausstattung des Wohnmobils die flauschigsten Frotteetücher meines Lebens gekauft und dabei zugleich versucht hatte, ein Hygienekonzept zu etablieren mit personenbezogenen Farben: Sonnengelb für mich, Himmelblau für unsere Tochter. Und, na ja, Betongrau für meinen Mann. Ich wollte es einfach nicht zu schreiend im Bad haben. Außerdem dachte ich, Inneneinrichtung sei ihm ohnehin nicht so wichtig.

Was meinen Mann glücklich macht, sind 20-Tonnen-Keile. »Die sind für Lkw!«, sagte er stolz, als er die schwarzen Teile anschleppte, die unsere paar Tönnchen tragen sollten. Doch selbst die reichen ihm plötzlich nicht mehr.

Es war ein wunderschöner Herbstmorgen, die Sonne schien auf Tannen und Wohnmobile, als wir bei einer Tasse Kaffee die Gedanken und die Blicke schweifen ließen. Sicher, es ist nie ein gutes Zeichen, wenn die Untreue schon vor dem Frühstück beginnt, aber immerhin hatten mein Mann und ich dieselben Träume. Ob wir es künftig mal so probieren sollten? So wie der Nachbar? Oder wie der gegenüber?

Gemeinsam gingen wir die verschiedenen Modelle durch, und eigentlich herrschte eine sehr partnerschaftliche Atmosphäre, bis plötzlich das Geheule losging: »Ich will Hubstützen!«, »Alle haben Hubstützen!« Ich seufzte. Nicht schon wieder.

Vermutlich rollt er sich bald auf dem Boden und haut auf den Asphalt. Unten ist er ja ohnehin, wenn er kurbeln muss. Ich habe mich erst einmal erkundigt, wie die Dinger heißen, die wir jetzt haben. »Komfortstützen«, sagte er. Klingt doch gut, dachte ich. Und fühlt sich auch gut an. Niemand will schließlich bei jedem Schritt des anderen mitschwingen. Aber es ist wohl nicht so komfortabel, dieses Kurbeln mit der Stange, um die Stützen in Position zu bringen, im Knien und vornübergebeugt. Mein Mann hat Rücken, deswegen hätte er es gern automatisch. Hydraulische Hubstützenanlage heißt sein Zauberwort.

Ich dagegen beobachte gern die Handlungsabläufe meines Mannes, wenn wir die endgültige Parkposition erreichen. Ich finde es ungeheuer männlich, wie er mit der Wasserwaage hantiert. Dieser kurze Blick, mit dem er die Neigung des Wohnmobils auf unebenem Grund abschätzt, dieses souveräne Unterlegen des Keils vor dem richtigen Reifen, dann das gefühlvolle Auffahren auf den Keil und die Geschmeidigkeit, mit der er den Oberkörper eindreht, um die Wasserwaage auf der Tischplatte zu fixieren, und der knappe Kommentar: »Passt!«

Und das alles soll ein seelenloses System ersetzen, das auf

Knopfdruck vier Beine ausfährt und das Wohnmobil ausbalanciert, nur damit sich das Bratöl in der Pfanne nicht in einer Ecke sammelt und das Spiegelei nicht hängenbleibt? Nur, damit mein Mann nicht ins Kullern kommt, vorne in seinem Hubbett?

Ja, ich liege hinten stabiler auf dem Matratzenlager, aber so ist es nun mal. »Schlaf du doch mal vorne!«, sagt mein Mann in letzter Zeit öfter. So ein Quatsch. Natürlich schlafe ich nicht vorne, in Schräglage, im Bratfettdunst.

Ich fürchte, wir befinden uns gerade in einer kritischen Phase unserer Campingkarriere, die von außen nicht sofort sichtbar wird. Das Kind fremdelt auf einmal mit dem Monster, und daneben deutet sich ein Machtkampf an zwischen meinem Mann und mir.

Als wir anfingen zu campen, war die Sache klar. Ich campte aus Großherzigkeit, er aus Begeisterung. In dem Bewusstsein, dass ich mich der Familie zuliebe auf ein Leben im Wohnmobil einließ, wählte ich selbstverständlich das bessere Bett. Und mein Mann schlief klaglos über dem Esstisch, aus Dankbarkeit und Schuld. Seit ein paar Monaten aber muckt er auf. Ich denke, er spürt, dass ich eigentlich Spaß habe. Das ist gefährlich.

Er fühlt sich zu sicher. Er heizt zum Beispiel nicht mehr, weshalb ich nun schon im Frühjahr und im Herbst Wintercamping machen muss. »Die Heizung bleibt schön aus!«, diesen Satz hatte ich neulich einem alten Ehepaar im Café abgelauscht und am Abendbrottisch zitiert. Mein Fehler. Jetzt höre ich ihn regelmäßig, nicht nur zu Hause, wo wenigstens die Wände gedämmt sind. Sondern auch im Wohnmobil, weil mein Mann Schweißausbrüche, Schnupfenattacken und Schlafstörungen auf das eingebaute Heizgebläse zurückführt.

»Also, so macht's keinen Spaß!«, moserte ich im Morgengrauen im Schwarzwald, als der Nebel über der Wiese stand und ich senkrecht im Bett. Durchgefroren kämpfte ich mich die Leiter hinunter, und auf der letzten Stufe fiel mir der entscheidende Satz ein. Ein Satz wie ein Hieb: »Dann können wir um die Jahreszeit nicht mehr campen.«

Das ließ ich erst mal wirken. Am nächsten Morgen war es warm.

Das Geschirrhandtuch

Um den unwiderstehlichen Reiz zu erklären, den Geschirr-handtücher auf mich ausüben, muss ich ein wenig ausholen. Normalerweise sollen Anschaffungen fürs Wohnmobil ja nicht nur praktisch, sondern multifunktional sein. So wie unser faltbares Schneidebrett, das sich an den Seiten hoch-klappen lässt. Was für eine Freude, wenn man erst die Ge-müseabfälle durch eine Rinne in die Mülltüte überführt und dann das Brett platzsparend in der Schublade verstaut!

Erinnerungsstücke dürfen dagegen einfach nur schön sein, sollen sie doch die Vergänglichkeit aller Touren ver-süßen. Wann immer wir also an einer Werkstatt mit landes-typischer Töpferware vorbeifahren, werde ich nervös, weiß aber auch, dass wir bereits genügend ausdrucksstarke Tassen und Schüsselchen an Bord haben. Zudem essen wir meist doch von den praktischen Edelstahlerzeugnissen, die nicht an Urlaub, sondern an Hundenapf erinnern.

Mittlerweile habe ich sogar Keramikverbot, was ich ein bisschen unfair finde, wo ich sogar schon Camper gesehen habe, die einen ausdrucksstarken Baumstumpf vom Seeufer als Andenken eingeladen haben.

Aber gut, ich konzentriere mich jetzt auf Geschirrhand-tücher. Die sind flach, leicht und bunt und haben sogar eine Funktion: die Teller genauso zu trocknen wie die Tränen. Selbst wenn sich mancher Stoff später als wasserabweisen-der Fehlkauf erweist, so tröstet doch nichts mehr, als auf einem verregneten Stellplatz ein Stück Tuch hervorzuholen mit dem französischen Aufdruck: »Der Himmel ist blau, das Meer ist schön«. Und dies als Prophezeiung zu nehmen für die nächste Sommertour.

UNSER WEIHNACHTEN –
Mit Maria und Josef im Wohnmobil

Der Weg zum Weihnachtsfest war dieses Jahr steinig. »Ich habe übrigens ein paar Christbaumkugeln in einer Tupperdose verpackt«, keuchte ich meinem Mann entgegen, unterbrochen von mehreren Hustenanfällen. Es war der Abend vor unserer Abreise.

»Oh Gott«, sagte er, und mir war nicht klar, ob ihm vor dem Zerbrechen der Kugeln im Wohnmobil grauste oder vor meinem Gesundheitszustand.

»Du musst auf die Straße«, sagte mein Mann. »Du bist ja total krank.« Ich keuchte und nickte. Das war meine Hoffnung fürs Fest. Tatsächlich war es bisher so gewesen, dass wir mit jedem Kilometer, den wir dem Alltag davonrollten, gesundeten.

»Denk an die Krippe!«, sagte ich beiläufig. »Scheiße!«, rief mein Mann.

Entgeistert schaute ich ihn an. Hatten wir nicht frühzeitig und wiederholt darüber gesprochen, wie unser Heiligabend dieses Jahr ablaufen würde? Dass wir zwei Bäume haben würden, einen großen, draußen vor dem Wohnmobil, und ein Tännchen drinnen im Topf? Dass der Christbaumständer auf die Packliste muss? Und die Lichterkette? Und selbstverständlich auch die Krippe?

»Wir können ja nur den Stall mitnehmen«, bot ich an. »Ohne Holzplatte, ohne Stroh.«

»Stroh!«, rief mein Mann und lachte hysterisch. »Und ich schlaf dann in dem ganzen Dreck!«

Ich dachte an seine Allergien und an Weihnachten und sagte in einer Mischung von Barm- und Warmherzigkeit: »Okay, kein Stroh!« Liebevoll schaute ich ihn an. Ich wusste, er würde die Krippe gut verpacken, unsere Krippe, die wir an langen Winterabenden einträchtig gemörtelt hatten, Stein für Stein. Als Gegenleistung sagte ich zu, die Krippenfiguren in meiner Sockenkiste zu verstauen. »Dieses Mal müssen wir zusammenrutschen!«, sagte mein Mann.

Und so waren wir zusammengerutscht in die Dolomiten gefahren: Maria, Josef, drei Könige, ein Hirte, ein Engel, ein Ochs, ein Esel, drei Schafe, ein Kamel. Und natürlich die zwei Christkinder, eines in der Krippe, eines im Kindersitz. Wobei letzteres ganz Österreich verschlafen hatte, was an sich schon ein Weihnachtsgeschenk gewesen war.

Hunderte Kilometer lang regnete es, und dann, kaum überm Brenner, wurde es plötzlich Licht. Schnell hatten wir noch einen Tannenbaum gekauft und auf unserem Fahrradträger verzurrt. Die letzten 36 Kilometer fuhren wir mit quer gelegtem Baum und Warnschild am Heck. Und als wir am Abend des 23. Dezember unseren Campingplatz in Südtirol erreichten, leuchtete schon der Hirsch.

Der Hirsch, stellte ich fest, gehörte zu einem der omnibusgroßen Wohnmobile, die hier im Schnee standen, und strahlte über alle anderen Mobile hinweg. Er war, ohne Zweifel, der Platzhirsch. Doch auch die anderen Camper hatten schon geschmückt, Tannenbäume überall, die kleinen standen hinter den Windschutzscheiben, die großen im Vorgarten des eigenen

Stellplatzes. Die Camper tranken Glühwein, die Hunde trugen Mantel. Alles war bereitet für die stille, heilige Nacht. Einmal schlafen noch, dachte ich, und frohlockte. Dann würden auch wir singen. Ich wusste, wir waren textsicher, hatten wir doch auf unserer Wohnmobiltour zum Nikolaus schon alle Weihnachtslieder geprobt. Am meisten freute ich mich auf den Sprung in der Tonhöhe, diesen Kiekser, den unsere Tochter jedes Mal beim himmlischen »Ruuhuu« einbaut. Er sollte die Krönung sein des wochenlangen Trällerns.

Der Beginn der Vorweihnachtszeit war für uns dieses Jahr mit der jährlichen Reinigung unseres Wohnmobil-Wassertanks zusammengefallen. Dafür hatte sich mein Mann sogar einen festen Termin in seinem Outlook-Kalender eingetragen. Ich finde das zwanghaft, aber ihm gibt das Sicherheit, und mir im zweiten Schritt auch, denn der Feind des Campers ist der Biofilm, ein übles Zeug, das sich in der Tankinnenwand und in den Leitungen festsetzt und einen Lebensraum bietet für campende Bakterien.

Während ich also nach Weihnachtsschmuck und Minibäumen für den Heiligabend im Monster googelte und zwischendurch in die Kälte lugte, bescherte mein Mann sich eine schöne chemische Reaktion nach der nächsten, desinfizierte die Endstücke der Wasserhähne und freute sich an den Zwischenergebnissen von Entkeimung und Enthärtung.

Plötzlich rief er freudestrahlend: »Das ist ein magischer Moment!« Ich lächelte. Ja, das war es wirklich: Die ersten Schneeflocken des Jahres schwebten durch die Nacht, während zugleich ein Schwarm verspäteter Wildgänse schnatternd über unser Wohnmobil hinwegzog.

Noch während ich über die Verspätung der Gänse nachdachte, fiel mir auf: Missverständnis. »Die erste Ladung Frischwasser läuft ab, die zweite Ladung Frischwasser schon wieder rein, und das Restwasser in den Leitungen fließt auch raus – und das alles gleichzeitig!« Verzaubert blickte er in die Winternacht.

»Brauchen wir eigentlich noch etwas Sinnvolles?«, fragte mein Mann, nachdem ich ihm meine Google-Recherche zu beleuchteten Weihnachtssternen vorgestellt hatte. Und schon waren wir bei Abtropfwannen für Schneematsch. Umso gerührter war ich, als mein Mann ein paar Tage später selbst eine Lichterkette aus dem Baumarkt mitbrachte.

Er macht sich ja schon immer viele Gedanken. Allerdings habe ich vor einiger Zeit den Fehler gemacht, mir öffentlich Schneeketten zu Weihnachten zu wünschen. Jetzt habe ich sie tatsächlich zum Geburtstag bekommen. Letztes Jahr gab es übrigens Holz. Gut, es war auch eine Feuerschale dabei. Und dieses Jahr lag neben den Ketten – sehr hochwertige übrigens, sagt mein Mann – auch noch ein Gutschein für ein Fahrsicherheitstraining. Elektrisierend. Auch deshalb, weil man sein eigenes Wohnmobil mitbringen und eine Haftpflichtversicherung abgeschlossen haben muss.

Wahrscheinlich sollte ich froh sein über die Ketten. Nächstes Jahr möchte er mir Gas schenken, hat mein Mann gesagt. Ein bisschen Angst habe ich deshalb auch vor Weihnachten. Es muss etwa zwei Jahre her sein, da hatte mein Mann mal im Sommerurlaub gesagt: »Und dann liegt da plötzlich 'ne neue Kassette unterm Baum!« Ein Scherz, dachte ich damals. Bald würde ich es wissen.

Der 24. Dezember begann mit tiefblauem Himmel, und noch am Morgen lagen wir im Plan, ja, wir hatten uns wirklich Mühe gegeben. Das tiefgefrorene Rindersteak lag in einer zusammengeknoteten Plastiktüte im Wasserbad und blockierte die folgenden Stunden das Waschbecken.

Mein Mann hatte die Tanne vor dem Wohnmobil platziert, diverse Stromkabel für meine Lichterkette verlegt und meldete, der Baum sei anschlussbereit. Ich hatte Maria aus der Sockenkiste, er die Krippe aus der Heckgarage geholt, wo er sie über Hunderte von Kilometern transportiert hatte, abgepolstert durch mehrere Küchenrollen.

Doch irgendwann im Laufe des Tages brach sich plötzlich all das Aufgestaute Bahn: die anstrengende, arbeitsreiche Adventszeit, die lange Fahrt. Das Christkind benahm sich gar nicht Christkind-like, die Eltern waren unchristlich mit den Nerven am Ende.

Zwar schmückte mein Mann noch den Schlafbereich mit seiner Baumarkt-Lichterkette, zwar brachte ich noch die Front zum Leuchten mit meiner teuren Sternenkette. Selbst die Kügelchen aus der Tupperdose verteilte ich noch auf dem Tännchen im Topf.

Doch nachdem ich Vater und Tochter zu einer letzten Runde über den Campingplatz geschickt hatte, um die Bescherung vorzubereiten, nachdem ich mit einem Glöckchen in den Schnee gelaufen war, damit das bockige Christkind das andere Christkind hört, stellten wir beim Eintreten in die wohlige Wärme des Wohnmobils fest: Das Kind hatte sich in die Hose gemacht, und zwar richtig. Leider war das Waschbecken noch immer blockiert von den Rindersteaks; die Duschnische hing voll mit Schneeanzügen und Winterjacken, und in der Duschwanne stand dreckiges Geschirr.

Vielleicht hätten wir beide lachen können, wenn wir daran gedacht hätten, wie wir schon einmal Heiligabend in der Kirche gesessen hatten und mein Mann irgendwann in die andächtige Stille geflüstert hatte: »Er ist gekommen.« Und wie wir schon einmal mit unserem Christkind frühzeitig das Weihnachtsprogramm abgebrochen hatten. Damals jedoch hatte unsere Tochter noch Windeln getragen.

Doch an diesem Heiligen Abend, nachdem wir auf engstem Raum erst das Kind, dann das Wohnmobil großflächig gesäubert hatten, gingen alle mit heiligem Zorn ins Bett.

Auch am nächsten Morgen erschien nicht plötzlich ein Engel im Wohnmobil. Doch wie das so ist in unheiligen Familien: Die Sonne geht auf, das Leben geht weiter. Der eine macht der anderen wortlos einen Kaffee und teilt das letzte verbliebene Steak zum Frühstück. Die andere stellt sich wie zufällig in die Nähe des anderen, und der andere erkennt die Bereitschaft und die Hoffnung in dem stummen, abgewandten Stehen und umarmt.

»Wir feiern heute einfach noch mal Weihnachten«, sagte mein Mann, und als sich die Dämmerung ein zweites Mal auf unser Wohnmobil senkte und der Hirsch wieder zu leuchten begann, packte ich ein zweites Mal die Krippenfiguren aus, und mein Mann holte eine Überraschung für mich aus der Heckgarage: ein wunderschönes Paar Anfahrhilfen mit Noppen, für Schnee und Eis.

Dieses Mal sangen wir zu dritt alle Weihnachtslieder durch, und als das Christkind im Wohnmobil in gewohnter Lautstärke sein »Ruuhuu« schmetterte, wusste ich: Weihnachten ist nicht am 24. Dezember. Weihnachten passiert.

DER SKIURLAUB –
Abfahrt ins Bett

Das Wichtigste beim Wintercamping sind meiner Erfahrung nach drei Dinge: Skier, Rum und Flipflops. Und wenn Sie einen Bernhardiner oder einen Bademantel haben, schadet das auch nicht.

Wir hatten das neue Jahr auf einem Campingplatz in Südtirol begrüßt, in unserer selbst gebauten Schneebar. Es war unser erster Skiurlaub zu dritt, besser gesagt: zu viert. Im Gepäck zwei drängende Fragen: Würden Kind und Monster wieder »Freunde sein«, wie unsere Tochter mit Downsyndrom gern sagt? Und wie würde mein Mann schlafen?

Das Erste, was mir auffiel, als wir unseren Platz direkt an der Gondel bezogen: Im Winter werden die Wohnmobile größer, genauso wie die Hunde. Auf riesigen Matten lagerten riesige Hunde und hüteten ihre Liner.

Liner sind – falls Sie Omnibusse nur von der Haltestelle kennen – Wohnmobile, in deren Bauch manchmal sogar ein kleines Auto mitgeführt werden kann. Zumindest aber eine Geschirrspülmaschine und eine Mehrzonenmatratze. Vielleicht kommen Liner auch serienmäßig mit Bernhardinern, so genau kenne ich mich da nicht aus.

Zumindest harmonieren Hund und Fahrzeug in ihrem

Äußeren; die Gesamterscheinung ist bei beiden imposant. Leider war es dem Bernhardiner von gegenüber, so hörte man, im Liner einfach zu warm. Also lag er draußen im Schnee. Kurz dachte ich an meinen Mann, der nachts auch immer so schwitzt.

Dabei drehte er gleich zu Beginn abends die Heizung runter auf 14 Grad. »Die Mama macht's mit Körperwärme«, sagte er, als ich ihn auf unser gemeinsames Kind hinwies. Ich funkelte ihn an. »Ja, hast du nie Tierfilme gesehen?«, fragte er.

Mir war danach, spontan einen Baumstamm zu zerbrechen, wie ich es mal in einem Tierfilm gesehen hatte. Aber ich fügte mich. Ich kannte ja seinen ersten Satz am Morgen, sofern er redefähig war nach einer Nacht im Heizgebläse: »Man wird zur Dörrpflaume.«

Skiurlaub auf dem Campingplatz heißt: Zum Frühstück surrt die Gondel, zum Abendbrot piepst die Pistenraupe, und in den Stunden dazwischen ziehen alle los, Väter, Mütter, Kinder, die Skier auf dem Schlitten verzurrt, und bringen auf dem Weg zur Gondel noch schnell den Müll weg.

Vor allem aber bedeutet es: Man kommt zum Stehen, und man richtet sich ein. Die einen kennzeichnen ihr Grundstück durch LED-Fackeln mit Flammeneffekt, die anderen bauen sogar ein festes Vorzelt an ihr Wohnmobil – eigentlich ein Widerspruch in sich, dieses Verankern eines Mobils, aber gehören Widersprüche nicht zum Leben?

So kennen Sie bestimmt den Flammeneffekt Ihres Herzens: Die Liebe zur Familie wächst mit zunehmender Entfernung, und ich persönlich finde, 600 Höhenmeter sind eine schöne Distanz, um zu entflammen. Mit Zärtlichkeit geht der Blick raus aus der Gondel, ja, da unten sind sie, neben dem Wohnmobil, dem Monster, das immer kleiner wird. Wie süß, sie spielen am Schlitten. Und dann, zack, hebt sich der Kopf, und sie erfasst dich, gewaltig und berauschend: die Freiheit einer Halbtageskarte.

Und wenn man dann, ganz oben, spontan im Fahren die Arme ausbreitet – wann hatte ich das letzte Mal drei Stunden Zeit für mich? –, dann verhallt jedes »Will nicht« und jedes »Muss sein« in der Weite der Bergwelt, und irgendwann ist man leer und erfüllt zugleich und bereit für die Abfahrt ins Bett.

Eine der schönsten Zeiten auf dem Campingplatz ist daher die Stunde zwischen 16 und 17 Uhr, wenn alle durchgelüftet von der Piste nach Hause kommen, ob in den Wohnwagen oder ins Wohnmobil, drinnen schon einmal die Heizung höher stellen und draußen noch kurz im Klappstuhl ruhen. So lange, bis die Sonne hinter den Bergen verschwindet und alle ins Warme krabbeln, die Kinder rotwangig vom Rodeln, die Erwachsenen rotnasig vom Sundowner.

»Die Abende können lang werden«, hatte ich an einem dieser Tage gesagt. Sicher, man kann im Dunkeln eine Gabel im Schnee suchen, die man auf dem Rückweg vom Spülen verloren hat. Man kann durchs Fenster spähen und anderen dabei zuschauen, wie sie im Bademantel durch den Schnee schreiten, und sich fragen: Warum bin ich noch nicht so weit?

Warum ist es bei mir ein verschämtes Schlittern den eisigen Hang hinab zum Sanitärgebäude, strumpflos, in Flipflops, aber ohne Frottee am Leib, in der Hand eine Plastiktüte mit Wechselkleidung? Und bei anderen ein zielgerichteter, selbstbewusster Gang zum Duschen?

Beim Wintercamping, finde ich, hat der Auftritt im Bademantel eine andere Würde. Als befände man sich nicht auf einem Parkplatz, sondern in der Außenanlage eines sehr teuren Spa-Bereichs. So unterhielt ich mich angeregt mit einer halb nackten Frau im Schnee, die mir erzählte, wie sehr sie dieses Zusammenrücken im Wohnmobil schon als Kind geliebt habe. Ich verstehe das. Sich in der Höhle aneinanderzudrängen, ist dem Menschen im Blut, und steckt nicht im Camper viel vom frühen Menschen? Diese Neigung zum Hausen und Verlausen? Diese Liebe zur frischen Luft und die Mühe mit dem aufrechten Gang, vor allem nach einer schlechten Nacht? Aber auch dieser Appetit auf Gegrilltes, selbst im Winter?

Es gab einige auf unserem Platz, die neben ihrem Fahrzeug den Außengrill aufgebaut hatten, und zwar – anders als der frühe Mensch – mit Bratenthermometer.

Auch ich habe Anteile des frühen und des späten Menschen in mir und lebe gut damit. Einfach die Milch in einer tiefen Bratpfanne erwärmen, wenn die Töpfe gerade alle schmutzig sind, dazu Kakao und ein ordentlicher Schluck Rum, und man will gar nicht mehr aufrecht stehen.

Manche fürchten ja, man würde im Campingurlaub schlecht essen. Die einzige Gefahr, die ich hingegen sehe, ist, dass man kurz vor der Mahlzeit das Bewusstsein verliert. Gerade in der kalten Jahreszeit, wenn man versucht, das Monster schön dicht zu halten, wenn es einem an nichts fehlt, nicht an Wärme, nicht an Nahrung, dafür plötzlich an Sauerstoff.

Wenn im Gasofen das Baguette auftaut, auf dem Gasherd zwei, drei Flammen unter den Töpfen flackern und die Gasheizung bollert, ist es ein schmaler Grat zwischen Behaglichkeit und Atemnot.

Allgemein lässt sich sagen, dass wir im Wohnmobil besser essen als zu Hause. Immer mal wieder kommt es vor, dass ich den heimischen Kühlschrank öffne und nichts finde außer mittelscharfem Senf und unserer Filterkartusche. Die lagert dort, wie vom Fachhandel empfohlen, um das Vermehren von Keimen zu verlangsamen und dann im entscheidenden Moment ihren Dienst zu tun bei der hygienischen Befüllung des Frischwassertanks.

Das Gericht dieses Winterurlaubs war dagegen Schweinefilet in Pfefferrahmsoße, eine gute Stunde unter dem Deckel geschmort, mit Champignons und Möhrchen. Dünsten, rösten, garen, kaum eine Zubereitungsart gibt es, die im Wohnmobil nicht möglich wäre. Nur vom Flambieren möchte ich dringend abraten.

Denn mit dem Appetit kommen die Gefahren, und kaum etwas macht den Aufenthalt im Wohnmobil so kurzweilig wie Haushaltsunfälle. Kurz nachdem ich den Satz mit den langen Abenden gesagt hatte, schüttete mein Mann ein halbes Bier in die Schlitze des Heizgebläses, und die folgende halbe Stunde waren wir gemeinsam damit beschäftigt, Schubladen abzumontieren, mit der Taschenlampe in die Eingeweide des Monsters zu leuchten und Bierlachen hinter der Küchenzeile aufzuwischen, ohne dabei Gasleitungen zu beschädigen.

»Na ja, klappt schon!«, rief unsere Tochter vom Fernsehsessel aus, und tatsächlich sind wir gelassener geworden und auch gewandter.

Nie wieder wird man im Gasofen mit Backpapier arbeiten. Ist ja logisch. Über die Geschichte mit dem Backpapier aus unserem allerersten Monster-Jahr sind mir keine Details bekannt. Außer dass mein Mann damals fast unser neuwertiges Wohnmobil abgefackelt hätte, um den Ofen vor Krümeln zu schützen. Er pflege halt gern Dinge, sagt mein Mann.

Es muss etwa in der Mitte des Urlaubs gewesen sein, als er mir seine offene Hand vor die Nase hielt. Ein stumme Anklage. »Was ist das?«, fragte ich betont munter. Dann erkannte ich es: ein Steinchen. Splitt!

Vier Tage lang waren wir aus dem Wohnmobil direkt ins Glatteis ausgestiegen. Zunächst hatte ich es für die übliche Begleiterscheinung des Wintercampings gehalten, dass man morgens als Erstes mit den Armen rudert. Dann aber stellte ich fest: Alle anderen Camper waren trittsicher. Sie hatten gestreut. Wir nicht. Das ist mein Mann: Lieber riskiert er einen Oberschenkelhalsbruch, als dass seine Familie Steinchen ins Wohnmobil trägt und das gute Holzimitat zerkratzt.

Dafür kocht er einfach fantastisch, allein diese Pfefferrahmsoße, und oft erfüllt er mir Wünsche, bevor ich sie aussprechen kann. So kniete er plötzlich vor mir, zum allerersten Mal seitdem wir uns kennen, und natürlich wusste er, dass ich will, dass ich gewartet und gehofft, es mir ersehnt hatte, dieses Knien, eingeklemmt zwischen Backofen und Trittstufe. Wie soll ich sonst gut in den Skischuh kommen?

Man selbst steht da wie ein Elefant im Wohnmobil, oben der Helm, unten die Skischuhe, ein Bulle auf einem zusammengefalteten Handtuch, und darf sich nicht bewegen. Sie ahnen, warum – das gute Holzimitat.

»Du siehst aus, als hättest du einen Bürzel!«, rief ich vergnügt, als mein Mann sich wieder aufrichtete. An seinem Steißbein klebten die gespreizten Finger eines Handschuhs; der Klettverschluss hatte sich an seine Fleecehose geheftet. Gut, vielleicht ist es für mich lustiger als für Sie, den Ehemann mit Schwanzgefieder zu sehen – oder verabschiedet sich Ihr Mann auch regelmäßig mit dem Satz: »So, ich geh jetzt plustern!«, wenn er zur Arbeit radelt?

Der Bürzel verwies jedoch auf ein grundsätzliches Problem: das fehlende Garderobenkonzept. In der Dusche hingen die Skijacken übereinander, das Kind verfing sich beim Ins-Bett-Gehen in den Hosenträgern der Skihose. Im Bett aber lagen die

Tomaten, weil die Küchenablage vollgestellt war, und mein Mann sammelte seine leeren Bierflaschen in meinen Bergschuhen. Es ist erstaunlich, wie winzig ein Monster sein kann. Unser gutes, altes Monster. Am liebsten hätte ich es getätschelt, so dankbar war ich, dass es uns an diesen Ort gebracht hatte.

»Pizza!«, »Pizza!«, schallte es an unserem letzten Tag noch einmal über den Kinderhügel. Das war das neue Wort für Schneepflug in den Skischulen, hatten wir gelernt. Die Position der Skier, hieß es, erinnere an ein Stück Margherita. »Pizza!«, rief unsere Tochter begeistert und fuhr ungebremst den Hang hinunter. Vermutlich sah sie die Käsekruste schon vor sich. Dafür war sie perfekt in »Pommes«, der Parallelfahrt, und so gab es am Ende sogar eine Medaille. Feierlich hängten wir sie an einen Garderobenhaken im Wohnmobil: Unser Kind mit Downsyndrom lernt Ski fahren!

Am Abend wanderten meine Blicke zwischen der schimmernden Medaille und dem überfrachteten Geschirrkorb hin und her, dem Denkmal des Erreichten und dem Mahnmal des Unerreichten. »Vielleicht geh ich doch nicht mehr heute spülen«, versuchte ich es mit schwacher Stimme. »Muss sein!«, antwortete meine Tochter.

Das ist das Verrückte beim Kinderkriegen: Man ist sogar stolz, wenn sich die eigene Erziehung gegen einen wendet.

Vor der Abreise taten wir etwas, das wir sonst niemals tun: ein Jahr im Voraus buchen. Denn noch besser als Kakao aus der Bratpfanne ist das Gefühl, benommen vom eigenen Gipfelrausch zum Kinderhügel hinüberzustapfen und sich in Position zu stellen für diese wunderbare neue Skitechnik: bremsen durch Umarmung. Dafür habe ich sogar angeboten, nächsten Winter vorne zu schlafen, im Heizgebläse.

»Urlaub Ende?«, fragte unsere Tochter, während wir die Bergstraße hinunterfuhren. Ich nickte und fürchtete mich vor einem »Hurra!«. Schade, sagte sie.

Ich muss mich also korrigieren. Das Wichtigste beim Wintercamping ist ein Garderoben- und ein Glückskonzept. Und natürlich ein Bademantel.

Die Handykamera

Kurz bevor es ins Unerträgliche kippt, wird es bei uns immer lustig. Draußen ist es dunkel und ungemütlich, drinnen im Wohnmobil ist: nichts zu tun. Kartenspielen, Rätselhefte, das ist noch nichts für unsere Mini-Camperin mit Downsyndrom. In diesen Momenten, in denen die Langeweile schon unterm Tisch lauert, aber sich noch nicht hervortraut, in denen das Potential liegt für alles Mögliche, passiert genau das: alles Mögliche. Es ist die Zeit zum Quatschmachen.

Die Mini-Camperin zieht sich einen Strumpf über die Nase und schwenkt den Sockenrüssel. Sie stülpt sich meine Handschuhe über die Fesseln und watschelt mit falschen Entenfüßen. Mein Mann verdreht die Augen, rasiert sich einen dämlichen Schnurrbart oder bindet sich Zöpfchen. Und alle machen seltsame Fotos voneinander. Manchmal tanzen Vater und Tochter sogar filmreif Popo-Tango zwischen Kühlschrank und Sitzbank, so wie sie es im Kindermusikvideo gesehen haben. Während die Kamera zum Spielzeug mutiert, verliert eine andere Handyfunktion ihre Bedeutung: die Uhr.

Grundsätzlich gibt es zwei Kategorien von Menschen, die ihr Fahrzeug zum Haus machen, um der gewohnten Taktzahl des Lebens zu entfliehen. Leute wie der junge Mann mit dem gelben Bulli und der Strickmütze, der immer nur sagte: »Ich hab keinen Plan«, und: »Ich blinke links und fahre rechts.« Und es gibt Familien wie uns, die das Datum des ersten Arbeits- und des letzten Ferientags im Kopf haben und sich am Spülbecken wie folgt unterhalten:

Ich: »Bin gleich fertig.«

Camper: »Da weiß man wieder, warum man zu Hause eine Spülmaschine hat.«

Ich: »Ja, das ist das Beste am Nachhausekommen.«

Aber natürlich sehnen auch wir, die Aussteiger auf Zeit, uns in Wahrheit nicht nach der Spülmaschine, sondern nach diesem Zustand des Sich-treiben-Lassens, in dem man nicht nur den Wochentag vergisst, sondern auch die Tatsache, dass es irgendwann wieder heimwärts geht. Dem kostbaren Gefühl von Zeitlosigkeit nahezukommen, gelingt meinem Mann und mir auf unterschiedlichen Wegen. Er steht in jedem Gebirgsbach knietief im Wasser, schichtet Steine um und sucht Treibholz, um sich im Schnitzen und Staudämme- bauen zu verlieren. Ich verliere mich im Schreiben – wenn es gut läuft.

So viel Vergnügen und so viel Freiheit das Monster zu- lässt, es kann auch streng sein. Es gibt den Rhythmus von Pause und Arbeit vor, also der Arbeit am Wohnmobil, und zwingt uns zu einem Leben, das sich an zwei Richtwerten orientiert: dem maximalen Füllstand und der kompletten Entleerung. Das betrifft die Gasflasche genauso wie den Kühlschrank, den Grauwassertank wie die Batterie. Und gilt natürlich auch für den Akku des Handys. Dieses sollte immer betriebsbereit sein, nicht für Anrufe, nicht für Nach- richten und erst recht nicht für den Check der Uhrzeit, son- dern für jene Abende mit der Kamera, in denen der Unsinn um sich greift.

DAS ZUBEHÖR –
Was hat sich bewährt? Wer muss raus?

Neulich war ich zum ersten Mal auf einer Campingmesse, und ich muss sagen: Ich habe viel gelernt, zwar nicht über Camping, aber über Psychologie.

»Wie wir in Köln sagen«, begann der Händler, der mich zu einem Cappuccino in die Kundenlounge eingeladen hatte. Es war ein freundlicher Herr im Sakko, der mit mir an einem Tischchen inmitten von Wohnmobilen saß. »Man muss ein Auto an der Fött föhle.« Unauffällig schaute ich mich nach meinem Mann um. »Am Popo«, sagte der Händler. Ich lächelte. Da hatte er zweifellos recht.

Ich weiß noch, in welchem Moment meine Entscheidung für unser Monster fiel. Wir hatten während der Probefahrt auf einem Feldweg gehalten, und als ich den Sitz drehte, sah ich plötzlich unser Leben vor mir: Ich, einen Kaffee in der Hand, hinter der Scheibe keine Brache, sondern Meer. Und in dem Bruchteil einer Sekunde spürte ich alles in unglaublicher Intensität: die Verheißung der Fremde und das Auto an der Fött.

Was ich fünf Jahre später in der Kundenlounge fühlte, als ich die neuen Preise hörte, war auch intensiv, aber anders. Nennen wir es Entsetzen.

Zur Beruhigung bin ich gleich auf eine zweite Messe gegangen. Wenn schon kein Alkoven, dann wenigstens Zubehör, dachte ich mir. Irgendetwas, das einen autarker und origineller macht. Denn richtig wohl fühle ich mich ja selbst nicht inmitten der »weißen Ware«. So hatte ein Händler mal den Fuhrpark von Wohnmobilen bezeichnet.

Dieses Mal streifte ich allein durch die Hallen – eine Prüfung: Würde ich es schaffen, zwischen dem Nützlichen und dem Vielversprechenden zu unterscheiden?

»Was man nicht benutzt, muss wieder raus aus der Karre«, sagt mein Mann gern, und so gehört eine gewisse innere Reife dazu, im entscheidenden Augenblick, wenn die junge Verkäuferin vor dir steht und klack, klack macht, zu sagen: »Nein, ich brauche keinen Wäschesack, den ich mit Magneten an die Karosserie hefte.« Klack. Klack. »Auch wenn er gelb ist.« Denn der Gegenspieler der menschlichen Lust ist die maximale Zuladung.

Ich glaube, es war am Stand mit den Solarzellen, als ich Zeugin wurde eines Gesprächs, das sich anscheinend von dem Gewicht einer Solaranlage fortbewegt hatte zum Kern der Eheprobleme. Hilfesuchend wandte sich der Mann an den Verkäufer.

Er: »Meine Frau nimmt immer Handtücher mit, als ob sie ausziehen würde.«

Sie: »Ich brauch die! Ich brauch Badehandtücher, normale Handtücher ...«

Er: »Da fährt man durch Österreich mit 3,5 Tonnen. Und die kontrollieren das!«

Verkäufer: »Aber das liegt doch nicht an den Handtüchern!«

Er und sie: »Doch!«

Der Verkäufer und ich wechselten einen schnellen Blick. Ich war gespannt, wie er den Fall lösen würde.

Verkäufer: »Dann müssen Sie vor der Grenze weniger essen.«

Sie: »Ach, der isst doch gar nix mehr.«

Verkäufer: »Dann komm ich mal vorbei!«

Grinsend zwinkerte er mir zu. Doch in dem Moment wandte sich das Ehepaar zum Gehen. Ein paar Schritte waren beide schon entfernt, da drehte sie sich noch einmal um und sagte: »Wir essen kaum noch was.«

Die Szene zeigt, wie wichtig es ist, nicht nur seine Ehe, sondern auch seinen Campingalltag zu analysieren: Was hat sich bewährt? Wer muss raus?

So erinnere ich mich an eine Episode aus dem vergangenen Sommer, als wir uns Richtung Süden aufmachten. Mein Mann wollte der Hitze mit Verstand begegnen. Am Packtag füllte er zunächst den heimischen Kühlschrank mit kleinen Bierflaschen, die er dann als sogenannte »Bier-Akkus« in den noch warmen Wohnmobilkühlschrank überführte, um diesen schneller herunterzukühlen.

Ich war tatsächlich ein bisschen beeindruckt von der Idee, bis ich auf einem französischen Campingplatz die Kühlschranktür aufriss, schweißüberströmt. Wasser! Kalt! Hämmerte es in meinem Kopf.

»Wir haben nur Bier im Kühlschrank!«, rief ich erbost zur Gluthitze hinaus. »Ja!«, rief mein Mann begeistert zurück. Mit letzter Kraft zog ich eine Flasche aus dem Gemüsefach, die mir im Delirium als Limonade erschien. Ich schüttete die Flüssigkeit in mich hinein. Danach schaute ich aufs Etikett. Es war Apfelwein mit Maracuja-Geschmack, das Produkt hieß »Wilder Hirsch«, die Digitaluhr neben dem Kühlschrank zeigte 15.30 Uhr.

Ich holte ein Kühlkissen aus dem Gefrierfach, legte es mir quer auf den Schädel und wartete, bis sich die Kälte des blauen Gels auf meine Kopfhaut übertrug. Dann verlangte ich aus

Rache nach einem Sitzsack. Der »Wilde Hirsch« machte mich locker, und so schaute ich gern zu, wie mein Mann versuchte, bei 36 Grad im Schatten und Windstille den Sitzsack mit Luft zu füllen. Er war der Einzige auf dem Campingplatz, der rannte. Was sagt uns das? Es sind oft die unscheinbaren Dinge, die unentbehrlich sind, so wie mein Eispack. Der aufblasbare Sitzsack hingegen versprach viel, wunderbare Momente zum Beispiel und lässiges Auftreten, enttäuschte jedoch früh.

Denn im Nu hatte er sich mehrere Löchlein zugezogen, und so müssen wir uns jetzt immer schneller entspannen, als die Luft entweicht. Das ist mir zu anstrengend. Fazit: Der Sack muss raus.

Rein hingegen muss eine gute Batterie. Ungewöhnlich, sagte der junge Verkäufer mit der Haartolle, ungewöhnlich, dass eine Frau allein käme, ohne Mann. Meist sei es ja so: »Für die Frau ist das ein Klotz, der Strom macht. Und den gibt's vielleicht woanders billiger.« Deshalb würde er die Vorteile seiner Lithiumbatterie vor allem ihr erklären: doppelte Leistung, lange Garantie, Ersatzteile lieferbar. »Wenn die Frau nicht das Okay gibt, kann er's vergessen.«

»Haben wir die?«, simste ich meinem Mann, schickte ein Foto mit und dachte an den Klotz, zu dem ich erst kürzlich mein Okay gegeben hatte – und übrigens auch mein Geld. Doch noch bevor die Antwort kam, war ich schon am nächsten Stand. Da schien jemand das gleiche Problem zu haben wie ich. »Meine Frau sucht was für den Kopf!«, sagte ein älterer Herr. »Was nicht so schwabbelig ist. Mit Widerstand.« Er fing an, auf verschiedenen Kissen herumzudrücken. Er drückte. Sie drückte. »Also wenn Sie Ihr Auto auch so kaufen, dass Sie mal auf die Motorhaube drücken«, sagte der Verkäufer. »Nee, nee«, wehrte sich der Herr, während seine Hand im Kaltschaum versank.

Wie gern würde ich mich jetzt hinlegen, dachte ich, Batterie alle. Im Geiste hörte ich wieder das Klack-Klack der jungen Verkäuferin mit ihren Magneten. »Wenn die Socken mal wieder ein bisschen duften«, hatte sie gesagt. »Einfach nach draußen verlagern!« An die Tür unseres Cockpits. Klack, klack. Soll ich doch?

War das Prinzip mit den Magneten nicht überzeugend, geradezu beneidenswert revolutionär? Seitdem ich meinen Mann kenne, redet er davon, dass man den einen entscheidenden Einfall bräuchte, irgendeine Idee, simpel und genial, die einen reich macht. Leider ist sie ihm bisher nicht gekommen, wobei er manchmal schon nah dran ist, finde ich.

Neulich sagte er, man könnte vielleicht meine Texte auf Toilettenpapier drucken. Sie wissen schon, diesem selbstauflösenden für die Chemietoilette. Kann man mal darüber nachdenken, finde ich. »Platte Situationen durch guten Text vergolden«, so hatte er das Prinzip meiner Geschichten einmal genannt. Das ist vielleicht übertrieben. Versilbern würde mir schon reichen.

Andere arbeiten doch auch in dem Bereich. Diese Frau zum Beispiel, die ich auf der Messe zusammen mit ihrer Schüssel traf. Eine Trenntoilette, ob ich damit Erfahrung habe, fragte sie und redete routiniert von Behältern für Urin und »Feststoffe«. Ich nickte mit unbewegtem Gesicht. Am Ende gab sie mir den Tipp, die Feststoffe mit geeignetem Material zu bedecken. Kleintierstreu zum Beispiel. Ich bedankte mich herzlich und hörte in meinem Rücken den nächsten Dialog.

»Kennen Sie eine Trenntoilette?«

»Uuaah«, hörte ich einen Camper rufen. Es klang, als würde er sich schütteln.

Fast hatte ich den Ausgang erreicht, da passierte ich noch

den Stand eines großen Ausrüsters. Gerade beugte sich ein Ehepaar gemeinsam über den Katalog und tuschelte. »Wenn ich mich da mal einschalten darf«, quatschte ich plötzlich von der Seite los. Die ältere Frau schaute mich irritiert an. »Der Handstaubsauger ist das Beste, was wir an Bord haben!«

»Ah ja?«, sagte der ältere Mann und musterte mich misstrauisch. »Krümel, Sand – alles weg!«, sagte ich. »Und man kann ihn einfach laden!«, fiel die Verkäuferin ein. »Ja, einfach in die Steckdose!«, jubelte ich.

»Ach, na ja, gut«, sagte er. »Danke für den Tipp!«, sagte sie. »Gerne!«, sagte ich. Es ist ein gutes Gefühl zu helfen. Schade, dass ich keinen Messepreis anbieten konnte.

»Was«, fragte ich meinen Mann, als ich wieder zu Hause war, »was würdest du denn sagen, ist beim Campen unverzichtbar?« – »Panzerband«, sagte er, und mir kam es so vor, als stünde er plötzlich etwas breitbeiniger da.

Panzerband habe er immer dabei, dazu Kabelbinder, Verzurrgurte, Draht, diverse Schraubenschlüssel, auch einen Franzosen. »Einen Franzosen«, wiederholte ich. Er könne gern mal eine Führung durch den Werkzeugkasten mit mir machen, sagte er. Ich brummte höflich. Neulich hatte er mir schon eine Führung durch die Heckgarage angeboten.

Wissen Sie, mir wird schon wieder mulmig. Ich ahne ja Ihre Gedanken: Auch Frauen fahren Mehrtonner. Auch Frauen nutzen Panzerbänder. Auch Frauen mögen Franzosen. Natürlich tun sie das. Häufig sogar sehr gern. Es ist nur so, dass ich mich bisher nicht für Panzerband interessiert habe. Für Lithiumbatterien hingegen schon.

Und wenn ich nach fast fünf Jahren Campingerfahrung ein Fachgespräch über Schubladenschlösser führe und über die

Güte verschiedener Verriegelungsmechanismen, natürlich frage ich mich dann, was für Bilder so ein Händler im Kopf hat, wenn er sagt:»Die Push-Lock-Druckknöpfe sind bei den Damen oft nicht so beliebt.« Die seien »Fingernageltöter«.

Also, ich töte meine Fingernägel selbst. Und demnächst fahre ich auch selbst. Sie hören von mir. Oder von meiner Versicherung.

DIE VERWANDLUNG –
Ich fahre. Und mein innerer Walter fährt mit.

Haben Sie schon einmal versucht, Ihren Mann wegzumeditieren? Ich übe es gerade. Und zwar immer dann, wenn ich am Steuer sitze.

Ich atme ein und atme aus. Ich lasse alles fließen, lasse die Worte fließen, rein ins Ohr, raus aus dem Ohr. Und während mein Mann langsam in den Hintergrund tritt, ein Schemen nur auf dem Beifahrersitz, wird eine andere Stimme in mir lauter, eine Stimme, die mich begleitet und führt. Es ist mein innerer Walter.

Ob wir uns duzen wollten, hatte Walter gleich zu Beginn gefragt, als wir alle noch im Seminarraum saßen, an einem Sonntagmorgen. Walter könne man auch gut kreischen.

Wir waren eine Gruppe von Frauen, die sich zum Fahrtraining für Wohnmobile angemeldet hatten. Oder angemeldet worden waren – von ihren Männern. Denn schnell stellte ich fest: Ich war nicht die einzige Gutscheinfrau in der Runde. Die anderen fuhren ihr Weihnachtsgeschenk ab, ich meine Geburtstagsgabe. Ein Mann war auch dabei, aber der fuhr außer Konkurrenz. Er hatte schon Lkw-Erfahrung.

Was unsere Ziele für den heutigen Tag seien, wollte Walter, der eigentlich anders heißt, zunächst wissen. Einparken, mit der Höhe des Wagens zurechtkommen, das Fahrzeug besser kennenlernen, sagten die anderen Frauen.

Abends unfallfrei vom Hof fahren, antwortete ich und merkte, wie sehr mich die vergangenen Tage geprägt hatten. Diese Sätze meines Mannes, schmerzhaft wie Nadelstiche. »Ich werd voll sein mit Beruhigungsmitteln« eine Woche vorher, verzweifelt. »Wenigstens fährst du das Womo sauber kaputt«, zwei Tage vorher, schicksalsergeben. »Wir glauben an dich!«, am Morgen des Abschieds, leise.

Als ich das Wort »unfallfrei« sagte, fragte Walter nach: »Du meinst, in der gleichen Form?« Ich: »Und in der gleichen Farbe.«

Zwei Frauen hatten ihre Männer als zahlende Beifahrer mitgebracht. Kurz spürte ich Neid. Ich würde allein sein mit dem Monster und der Verantwortung. 7,77 Meter, 4,2 Tonnen und ein gewaltiger Überhang. Immerhin wollte Walter mit mir sprechen, übers Funkgerät.

»So, noch mal Angst-Pipi machen«, sagte Walter. Dann gehe es los. »Das sagt er im Motorrad-Kurs nicht«, flüsterte ich meiner Sitznachbarin zu, bevor alle in der Damentoilette verschwanden.

»Ich komme gerade von der Vollbremsung«, war mein erster Satz, als ich ein paar Stunden später meinen Mann in der Mittagspause anrief. »Oh nein, mein Auto!«, hörte ich ihn jaulen.

Gut, dass ich ihm noch die Toblerone gekauft habe, dachte ich im ersten Moment. Im zweiten: Was heißt hier »mein«? Nicht nur, dass mir die Hälfte des Fahrzeugs gehört, nein, endlich ergibt es Sinn, dass ich einen zweiten Schlüssel besitze. Ich bin doch nicht dazu geboren worden, nur die Heckgarage aufzuschließen!

Ich merkte, wie mich die wenigen Stunden auf dem Fahrersitz verändert hatten. Vielleicht war es Größenwahn, vielleicht hatte ich endlich meine Bestimmung gefunden, zumindest hatte ich ein paar Tipps für meinen Mann: »Die Expander kannst du in den Müll schmeißen, sagt Walter. Die halten nichts.«

Während ich meinem Mann erläuterte, dass er noch konsequenter mit Verzurrgurten arbeiten müsse, dass Walter jede Heckgarage inspiziert und mahnend unsere Kurbel transportsicher verstaut habe, ja, dass Walter höchstens unsere rosafarbene Kunststofflaterne mit einem Expander befestigen würde, entdeckte ich plötzlich einen neuen Ton in den Erwiderungen meines Mannes.

Ja, das wisse er schon mit den Expandern. Die würde er eigentlich auch gar nicht richtig einsetzen und so weiter. Ich unterbrach sein kleinlautes Gemurmel, wünschte ihm noch viel Spaß auf dem Spielplatz und legte auf.

Ich brauchte meine Ruhepause. Ich hatte schließlich schon eine gewisse Lenkzeit hinter mir. Während ich aus der Schulbox meiner Tochter das belegte Brot hervorholte, das mir mein Mann am Morgen geschmiert hatte, ging ich in Gedanken noch einmal den Vormittag durch.

Die ersten Meter, die wir Kolonne fuhren, raus aus der Parklücke, rechts den Berg hinunter, links durch die Schranke aufs Trainingsgelände. Und wie ich schon in jenen Minuten dieses Kribbeln spürte, das ankündigte, dass gerade etwas Grundlegendes passierte: meine Verwandlung von der Beifahrerin zur Fahrerin. Dazu die Gewissheit: Das, was hier geschieht, ist für immer.

Dann die Slalomfahrt und das Einüben der korrekten Blickführung. Wenn man das Hütchen anschaue, erklärte Walter, würde einem das Unterbewusstsein sagen: Fahr das Hütchen tot! Runde für Runde fuhren wir übers Trainingsgelände, begleitet von Walters knisternder Stimme aus dem Walkie-Talkie. Walter genderte sogar. »Hütchenmörderin!«, bellte es mir aus Richtung des Getränkehalters entgegen, in dem ich das Funkgerät verstaut hatte.

Als Höhepunkt: das Bremsmanöver. Ach ja, das Wasser würde er noch anstellen, hatte Walter beiläufig gesagt, als er an meinem geöffneten Fenster vorbeilief. Habe er schon erwähnt, oder? Und ich meinte, ein Blitzen in seinen Augen zu sehen.

Wie die Jumbojets reihten sich unsere Fahrzeuge auf, dann durfte die Erste auf die Startbahn rollen und beschleunigen. Gas, Gas, Gas und Vollbremsung mit 50 km/h auf der Höhe der zwei Hütchen, umrahmt von Wasserfontänen. Ein beeindruckendes Schauspiel, dazu die knappen Sätze aus dem Tower. »Der Nächste, bitte!«

Doch Walter war unzufrieden mit uns. »Das waren so 65 Prozent«, sagte er nach meinem Fahrmanöver. »Noch viel gewalttätiger, viel brutaler reintreten!«

Lagebesprechung. »Ihr müsst mir zuhören, Leute!«, begann er. »Im realen Leben habt ihr nur eine Chance. Da könnt ihr der Oma auch nicht sagen: Leg dich noch mal hin!« Er werde uns nicht eher nach Hause lassen, bis wir bremsen könnten, drohte er. Überhaupt sollten wir das Wort Vollbremsung streichen. Bremsschlag, so heiße das richtig. Schon das Wort würde etwas in unserem Kopf verändern. »Ihr programmiert hier gerade euer Hirn«, sagte Walter.

Als mein Hirn an der Reihe war, trat Walter zu mir ans Fahrzeug. Ich solle das linke Bein abseits auf die Plastikverkleidung stellen, befahl er durchs offene Fenster, und auf sein Kommando bremsen, im Stand.

Er: »Jetzt!«

Ich: »Äh, noch mal bitte!«

Er: »Eine Reaktion wie ein totes Pferd.«

Und noch während ich beschämt wegschaute, brüllte plötzlich etwas von der Seite in mein Ohr, das Brüllen erfüllte meinen Körper, fuhr mir in die Glieder, in einem Bruchteil einer Sekunde fand mein rechter Fuß das Pedal, ich trat und trat und trat wie von Sinnen.

»Na also«, hörte ich eine sanfte Stimme neben mir. »Geht doch.«

Von dieser Minute an ritt ich das Monster. Ich trieb es vorwärts, und das Monster gehorchte, wir preschten voran, Spritzwasser, Hütchen, ich erhob mich aus dem Sitz wie ein Jockey, spürte, wie das Monster ruckelte und bockte, aber ich trat und trat und dann – endlich – kamen wir zum Stehen.

»Das war ein Bremsschlag!«, hörte ich es aus dem Funkgerät. »Sehr schön!«

»Die Damen brauchen wohl eine zärtlichere Ansprache«, sagte Walter, als wir später zur Manöverkritik zusammenstanden. Die Verbundenheit zum Fahrzeug sei größer geworden, sagte eine Teilnehmerin zum Abschied. Ich dachte an das Monster und nickte gerührt.

Dann gab uns Walter noch ein paar Lebensweisheiten mit auf den Weg. »Hektik beschädigt«, lautete die erste. »Wenn ihr mit Kindern unterwegs seid und oben auf dem Berg 'ne Kirmes seht – fahrt hin!«, lautete die zweite.

Die dritte wird mir wohl ewig in Erinnerung bleiben: »Das Hauptproblem«, hatte Walter gesagt, als es um das gegenseitige Einweisen in eine Parklücke ging, »das Hauptproblem beim Campen sind die Paare.«

Ein paar Etappen bin ich seit jenem Sonntag schon gefahren.

Zu Beginn waren es nur kleine Ausflüge, aber schöne. Die Frühlingssonne schien, die Lkw streiften mich nicht, und auch ich streifte nichts, höchstens den Arm meines Mannes. Und nach jeder Tour hatte ich ein neues Level erreicht: Eisenbahnunterführung, Autobahnauffahrt, Kreisverkehr, Starkregen, ach, herrlich war's.

Manchmal treibt mich die Angst vor dem Gegenverkehr zwar noch immer an den Fahrbahnrand. Aber gerade wenn man die Unterarme auf die Stützen legt und das Lenkrad locker, aber kontrolliert zwischen den Händen hält, ist mir auch mal nach einem Schwätzchen zumute.

Und irgendwie stört es mich dann, dass mein Mann seine rechte Hand so nahe am Türgriff platziert. Als ob er sich die Option offenhalten wolle, im letzten Moment rauszuspringen. Er könne nur beim Fahren reden, nicht beim Beifahren, sagt er.

Ich denke, er spürt eine gewisse Zerrissenheit. Er freut sich, wenn ich die Kurve gut ausfahre. Und ich glaube, er war auch stolz, als ich bei unserer Ostertour Tunnel für Tunnel in der Schweiz genommen habe, kilometerlang. Und sogar das Flusstal bis zum Ende gefahren bin, auf schmaler Landstraße. Immerhin hatte er mir ja den Tag mit Walter geschenkt.

Aber womöglich ist es ihm zu viel, dass meine Urkunde vom Sicherheitstraining jetzt bei uns im Wohnzimmer hängt. Er habe ja 48 000 Kilometer Vorsprung, hatte er beiläufig klargestellt.

Vielleicht ist er auch eifersüchtig. Schon im Ausrüstungsladen an der Kasse hatte er so einen aggressiven Unterton, als er mit den neuen Verzurrgurten vor meinem Gesicht herumwedelte und sagte: »Hier, die soll Walter zahlen.«

Na ja, ein bisschen kann ich es verstehen. Walter und ich waren gerade zusammen in Italien.

Die Kaffeetasse

Mein Tag beginnt mit Kaffee. Punkt. Ich trinke eine Tasse am Morgen, schwarz, mit viel Zucker und einem Schuss Zitrone, und dieser Kaffee ist meine heilige Viertelstunde, die oft nur fünf Minuten sind.

In dieser Zeit versuche ich, vieles auszublenden, insbesondere meine Familie. Gelingt das nicht, werde ich reizbar. So wie an jenem Morgen, als sich mein Mann aus dem Türrahmen unseres Wohnmobils beugte, um die Kinderdecke auszuschütteln, sodass ein feiner Regen von Klümpchen und Flöckchen auf meine Tasse niederging. »Was soll das denn?«, fauchte ich und verschwand nach drinnen.

Dass ich mich kurz darauf ebenfalls aus dem Türrahmen beugte, weil ich heftig niesen musste, stand damit in keinem Zusammenhang. Aus Sicht meines Mannes, der zeitgleich draußen seinen Kaffee trank, muss es jedoch wie eine üble Revanche gewirkt haben. Vor allem der zweite Nieser, 30 Sekunden danach.

Gezeichnet ließ ich mich in den bodennahen Strandstuhl plumpsen, in der Hand eine neue Tasse Kaffee, im Kopf den Spruch meiner Schwiegermutter: »Mutter sitzt.«

Erst als mich mein Mann glucksend fotografierte, fiel mir auf, dass ich direkt vor dem geöffneten Fach der Chemietoilette saß. Offenbar hatte mein Mann den Vorgang der Entsorgung kurz unterbrochen. Doch nicht nur, dass ich den Toilettenkasten im Genick hatte, das Orange des Ausgussrüssels wiederholte sich in meinem orange-weiß-gestreiften T-Shirt.

Wenig später machte ich eine zweite verstörende Entdeckung. Das alte Foto von mir, das mein Mann als Bildschirmsperre auf seinem Handy installiert hatte, war verschwunden. Da war kein Porträt mehr der geliebten Ehefrau mit strahlendem Lachen im weißen Sommerkleid. Kein Foto, mit dem man gern in Abwesenheit präsent ist, sollte mal ein Kollege einen Blick aufs fremde Handy werfen. Oder eine Kollegin.

Stattdessen sah man nun mich Ton in Ton mit meiner Chemietoilette. »Ist doch ganz süß!«, sagte mein Mann. Ich weiß nicht, wie es Ihnen geht, aber ich habe selten ein vernichtenderes Kompliment gehört. Wenigstens die Tasse ist schön. Sonnengelb.

DIE ÜBERRASCHUNGEN –
Eingeschneit bei den Murmeltieren

Mein Mann keucht in mein Ohr. Ich höre, wie er läuft und schnauft, irgendwo da draußen muss er sein, mitten im Schneetreiben. »Der richtige Schnee kommt erst noch!«, höre ich ihn ins Handy rufen. »Wir müssen weg!« – »Roger. Over«, antworte ich und lege glucksend auf.

Ein prüfender Blick in die Runde: Sind wir abfahrbereit? Die Windschutzscheibe ist weiß, an der Markise hängen Eiszapfen, und unsere Tochter füttert gerade die Plüschgans. Sie sitzt hinten im Bett des Wohnmobils, noch im Schlafsack. »Komm! Wir müssen uns beeilen!«, sage ich zu ihr. »Papa zieht gleich die Ketten auf.« Sie füttert weiter die Gans. »Damit wir nicht rutschen! Das ist gefährlich!«

»Ich Arzt«, sagt sie. Und gibt der Gans noch einen Löffel.

»Machst du eigentlich extra Sachen, damit du hinterher darüber schreiben kannst?«, hatte mich mein Mann irgendwann einmal gefragt. Was für eine Frage! Er war es doch gewesen, der auf der Schnellstraße in den Alpen plötzlich entschieden hatte, noch einmal abzufahren, bevor wir an Höhe verlieren. Nur, weil uns plötzlich ein Sonnenstrahl traf nach einem Regentag.

Und man kann sich doch freuen, wenn man zu Hause etwas

zu erzählen hat. Dass man Mitte April auf 2000 Metern eingeschneit ist zum Beispiel. Und die einzige Schweizer Gasflasche langsam, aber sicher zu Ende geht. Genau wie der eingereichte Urlaub. Dass wir uns entscheiden mussten, ob wir das verbleibende Gas zum Kochen, zum Heizen oder zum Betrieb unseres Kühlschranks einsetzen wollten. Und dass zu dem ausgewiesenen Stellplatz zwar ein Mülleimer gehörte, aber kein Stromanschluss. Sodass wir früher oder später auch ein Problem mit der Batterie bekommen würden, während das Schweinefilet aus dem Eisfach auftaute und wir selbst festfroren. Ich mag so etwas.

Ich kann mich auch an Kleinigkeiten erfreuen wie daran, dass unsere Tochter ausgerechnet ihren Eisbären zum Schlafen gelegt hatte auf dem Sitz unseres Wohnmobils, während der Winter über uns hereinbrach am Ende unserer Frühlingstour.

Die Sehnsucht nach der schnellen Palme hatte uns an die oberitalienischen Seen getrieben, wie so viele deutsche Camper seit Jahrzehnten. Einmal über die Berge oder mitten hindurch, und schon kann man seinen Frischwassertank unter rauschenden Wedeln befüllen, während zu Hause noch alle frieren. Und was gibt es Schöneres, als die Pracht der Kamelienblüte zu bewundern auf dem Weg zum Sanitärgebäude?

Vieles, hätte ich früher gesagt. Aber da kannte ich das Monster noch nicht so gut.

Er fahre lieber unter Schweizer Felsen, hatte mein Mann festgestellt, als wir zu unserem letzten Schlenker abbogen. Da hänge nicht so viel rein wie in Italien. Dafür, möchte ich ergänzen, sollte man im Schweizer Hochgebirge darauf achten, ob man junge Menschen auf Steinen passiert.

Denn dann kommt gleich – und zwar genau in dem Moment,

in dem man sich noch wundert – ein gelber Bus hinter dem Felsen hervorgeschossen, um die müden Kletterer einzusammeln. Das sogenannte Postauto, das vermutlich sogar in der Wildnis pünktlich gewesen wäre, hätte es nicht darauf warten müssen, dass wir rückwärts auf kurviger, einspuriger Bergstraße zurücksetzen.

Es gibt viele Möglichkeiten, sein Fahrzeug zu beschädigen. Was aber, im glimpflichen Fall, nur für den Wiederverkaufswert interessant ist. Denn der echte Camper lässt sich durch nichts vom Campen abhalten, schon gar nicht von seinem eigenen Wohnmobil.

Das wurde mir schlagartig klar, als ich das erste Mal in Frankreich ein Fahrzeug sah, das aussah wie der Kuschelhase unserer Tochter, nachdem sie ihn verbunden hat. Der Alkoven war notärztlich mit blauen Klebestreifen behandelt worden, im Dach steckte ein Fußball zur Abdichtung eines Lochs. Der Besitzer aber trank fröhlich Rotwein vor seinem geschundenen Wagen.

Letztlich lebt der Wohnmobilfahrer sogar, genau wie der Seefahrer, von Abenteuern und Schein-Abenteuern. »Es war, als ob auf uns geschossen wurde«, erzählte mir einmal eine Frau aus dem Nachbarfahrzeug. Hagelkörner so groß wie Golfbälle hätten ihre Seitenwände eingedellt und sogar einzelne Dachfenster durchschlagen.

Sie habe in der letzten Ecke gesessen, die Handflächen an die Ohrmuscheln gepresst, während ihr Mann versucht habe, mit Handtüchern das Wohnmobil abzudichten. Eine ganze Seitenwand musste nach dem Vorfall ausgewechselt werden, doch als sie hörten, dass sie Monate auf die Reparatur warten sollten, fuhren sie einfach weiter, von Platz zu Platz, und hatten immer eine Geschichte parat.

Das Schöne an Campingplätzen ist, finde ich, dass dort plötzlich alle Geschichtenerzähler vereint sind und jeder Blick zum Nachbarn eine Geschichte im Kopf entstehen lässt.

Was hat sich der Camper an der Ecke davon erhofft, ein Schild aufzustellen mit der Botschaft, dass er im Alter nur noch nörgeln werde? Kontakte? Und ist es nicht niedlich, dass sogar die Familie aus dem Expeditionsmobil eine kleine Bastelarbeit mit Ohren an ihr gigantisches Fahrzeug gehängt hat?

Für unsere Tochter mit Downsyndrom jedenfalls war es aufregender, ein grünes Ei von einem ebenso gigantischen Campingplatz-Osterhasen geschenkt zu bekommen, als auf 2000 Metern zu übernachten. Und genau das ist es, was ich an unserem Monster so mag: dass es jedem sein eigenes kleines Abenteuer schenkt.

Als unsere Tochter neulich in meinem Logbuch blätterte, deutete sie plötzlich auf ein kleines durchsichtiges Sammelfach für Andenken und fragte: »Stein?« – »Nee, Zahn«, sagte ich. Drei oder vier Milchzähne hat sie bereits im Wohnmobil verloren, einmal sogar zwei innerhalb einer halben Stunde, als sie aus Angst vor blökenden Schafen drinnen Schutz suchte und sich vor Aufregung im Mund herumfummelte. Mittlerweile liebt sie es geradezu, in angespannten Verkehrssituationen mit offenem Mund »Guck mal!« zu rufen, wenn sie wieder einen Wackelnden entdeckt hat.

Nun weiß ich nicht, ob ich wirklich so lange campen werde, bis mir selbst die Zähne ausfallen, aber fest steht, dass mein Mann, mein Monster und ich schon einige Jahre zusammen auf dem Buckel haben.

Erst kürzlich sagte er mir, bei ihm sei es genau andersherum als bei uns im Garten. Er sei als Schmetterling gestartet. Deswegen war er wohl auch ein wenig aufgeregt, als er plötzlich den Spuren seines alten Ichs begegnete aus früheren, schillernden Entwicklungsstadien.

»Das bin ich alles geradelt«, hatte er mir auf der Rückfahrt von unserer Tour erzählt, während wir an Schluchten und Flüssen vorbeirollten. »Vom Bodensee über die Alpen bis zum Comer See. In nur zwei Tagen.«

»Da! Da ist er, der Radweg!«, stieß er alle paar Kilometer hervor. »Bis hierher, alles eine Tagesetappe!« Ein bisschen ermüdend, muss ich sagen, fand ich es mit der Zeit schon.

»Da muss noch 'ne Nacht dazwischen gewesen sein«, sagte ich. »Ja, es kommt mir auch weit vor«, antwortete er stolz. Und nach einer Pause fügte er hinzu: »Anscheinend werden die Zweifel im Laufe der Ehe größer.«

Sagen wir so: Ich versuche, seine Schilderungen und meine Eindrücke miteinander abzugleichen, für einen Plausibilitätscheck. Natürlich weiß ich, dass mein Mann seit unserer Hochzeit mehr als 20 000 Kilometer zur Arbeit geradelt ist und gerade auf die 21 000 zugeht.

Er dokumentiert die 1000er-Schritte mit Selfies. Beim 10 000. hatte er einen zufällig anwesenden chinesischen Touristen darum gebeten, ein Foto von ihm und seinem Fahrrad zu schießen. Andererseits weiß ich auch, dass er sich für sein Hubbett im Wohnmobil schon mal einen Lifter gewünscht hat. Vermutlich aus Spaß. Vielleicht aber auch nicht.

In jedem Fall bin ich der Meinung, dass zu einer guten Ehe im Wohnmobil neben dem vorausschauenden Fahren auch die vorausschauende Fürsorge gehört. Weshalb ich meinen Mann vor der langen Sommertour immer frage, ob er seinen Rückengurt eingepackt hat.

Er wiederum verstaut stillschweigend meine Sprunggelenksorthese im Fach neben der Hängematte, seit ich schon einmal mit Bänderriss und Krücken am Atlantik gecampt habe. Wir sind, möchte ich an dieser Stelle betonen, ein eingespieltes und liebevolles Team von Schein-Abenteurern.

Es ist übrigens nicht so, dass ich nicht auch etwas zu erzählen hätte von der Zeit vor meiner Ehe und meiner Karriere als Camperin. Aber ich halte mich zurück. In der gegenwärtigen Lebensphase reicht mir der Titel, den ich mir auf der Tour nach Italien am Steuer verdient habe: *Piccola Capitana*. Klein natürlich nur, weil ich das Lenkrad näher zu mir heranziehen muss, um die ideale Sitzposition zu erreichen. Dafür darf sich mein Mann beim Wäscheaufhängen *Laundry Manager* nennen. Wegen der Gleichberechtigung und so.

Ich sage ihm auch immer wieder, dass ich ihn ganz groß rausbringe. Wahrscheinlich muss ich mich nicht wundern, dass meine Fragen, so beiläufig ich sie auch stelle, mittlerweile ihre Unschuld verloren haben. »Und was ist jetzt noch mal das Besondere an den Schneeketten?«, hatte ich zu Hause beim Mittagessen einmal gefragt. Und mein Mann hatte den Suppenteller zur Seite gerückt, sich unmerklich im Stuhl aufgerichtet und gesagt: »Ah, Interview!«

Sein Wortbeitrag vor dem nächsten Löffel war tatsächlich strukturierter als gewohnt. Qualitätsmerkmal: selbstspannend und verstärkt, Nutzwert: entspricht besonderen Vorgaben im Ausland, Quellenangabe: Recherche in Blogs und Fachbeiträgen.

Als er mir später mitteilte, er habe die Schneeketten eingepackt für unsere Tour zu den italienischen Palmen, hatte ich an Cappuccino in der Sonne gedacht und an unser blaues Board, das ich auf blauem See unter blauem Himmel fahren wollte, und gütig genickt.

Doch jetzt waren wir hier, und nur 48 Stunden nachdem wir

die Bläue des Lago Maggiore verlassen hatten, sah ich meinen Mann, wie er die Ketten im Arm hielt, bereit, den Hinterreifen zu umarmen.

»Selbstspannend!«, hatte er mehrfach gesagt, voller Begeisterung, während wir den ersten Hang nahmen, hinauf zur Dorfstraße, 4,2 Tonnen auf geschlossener Schneedecke. Und bei der dritten Wortwiederholung kam mir plötzlich ein Verdacht: Es war gar nicht der Sonnenstrahl gewesen, der meinen Mann in die Ausfahrt von der Schnellstraße getrieben hatte.

Ich hatte mich schon über die Großzügigkeit gewundert, mit der er zu mir sagte: »Jetzt kriegste doch noch deine Serpentinen.« Offenbar hatte er bemerkt, wie sehr ich von Anfang an mit dem Wegweiser zum »Murmeltierlehrpfad« geliebäugelt hatte. Ich habe einfach ein Herz für schöne Wörter.

Eigentlich aber, dämmerte es mir nun, war er es gewesen, der insgeheim darauf gehofft hatte, die Schneeketten zu brauchen. Um sie dann fachmännisch aufzuziehen, zum allerersten Mal in seinem Leben, wie er beiläufig bemerkte.

Früher sei er, das Kind der Berge, eher Stunts gefahren. Schlitternd. Und er wirkte fast ein wenig enttäuscht, ja, gekränkt, dass die Hauptstraße ins Tal doch so gut geräumt und sogar gesalzen war, sodass wir mit klirrenden Ketten auf Asphalt rollten. Ein unangenehmes Geräusch.

»Jessesgott!«, entfuhr es der Frau mit Hund, als wir winkend an ihr vorbeifuhren. »Wir kommen gerade vom Lago Maggiore«, rief ich durchs offene Fenster. Ein kurzer Plausch in der Winterlandschaft. Dahinten, sagte sie und zeigte mit dem Finger auf eines der Häuser mit den Holzbalken, dort sei sie aufgewachsen. Ob sie schon Murmeltiere gesehen habe, wollte ich noch wissen, bevor wir uns weiter abwärts bewegten. Gestern, sagte sie, hätte man vielleicht welche sehen können.

Gestern, ja, da waren die Weiden, die heute weiße Flächen sind, noch übersät mit Tausenden kleinen Knospen. Und das überlebensgroße Murmeltiermonument am Wegesrand hatte mich zu einer nächtlichen Recherche auf dem Handy inspiriert. Die lokalen Murmeltiere, las ich im Schein des Displays, während draußen die ersten Schneeflocken fielen, gehören zu den Hörnchenartigen und verharren fast sieben Monate lang in ihrem Bau, wobei sie die Körpertemperatur drastisch absenken sowie den Herzschlag und die Atemfrequenz auf ein Minimum reduzieren.

Wahnsinn, dachte ich, das kenne ich doch! Jeden Morgen, wenn ich behände und voller Tatendrang die Leiter vom Heckbett hinunterklettere, stoße ich in der Mitte des Fahrzeugs auf solch einen reglosen Klumpen in seinem Bau, und ich könnte wetten, dass bei diesem Organismus auch alle lebenswichtigen Funktionen heruntergeregelt sind. Wenn sogar die Sprachfähigkeit verloren gegangen ist. Bis zum späten Frühstück.

Zumindest habe ich an diesem Morgen beschlossen, dass wir im Sommer noch einmal wiederkommen. Wenn die Murmeltiere richtig wach sind. Dann pfeifen sie auch.

PS: »Jetzt bin ich geliefert«, sagte mein Mann und stöhnte laut auf, nachdem er meine Geschichte zu Ende gelesen hatte. »Wieso?«, fragte ich und ging den Text noch einmal durch. »Du bist ... äh ... eine radelnde Raupe.« Und ein leidenschaftlicher Winterschläfer, fügte ich in Gedanken hinzu. Ich meine, was soll ich denn sagen? Ich kann noch nicht einmal pfeifen.

DER SOMMER –
Wie ich versuchte, im Wohnmobil einen Melonensalat zu machen

»Heute keinen Limoncello Spritz?«, fragte Peter.

»Nee, ich muss nachher noch fahren«, sagte ich.

»Ha ja, ich mach dir einen kleinen ...«

Und so nahm das Glück seinen Lauf am Beckenrand eines Freibads, zur besten Mittagessenszeit.

Das Mittagessen erwähne ich deshalb, weil es an diesem Kiosk die knusprigsten Schwimmbad-Schnitzel gab, an die ich mich erinnern kann. Frisch geklopft von Peters Freundin. Ich wartete also auf diesen Plastikstühlen, auf denen man mehr klebt als sitzt, und Peter brachte mir ein gelbes Getränk mit einem blauen Glitzerpuschel wie aus alten Nachmittagsserien, eine Mischung aus Lametta und Zahnstocher. Ich hatte das Klopfen der letzten Schnitzel noch im Ohr und tauchte ein in meine private Vormittagsserie: das Sommer-Monster.

Was bisher geschah:

»Und wohin fahrt ihr diesmal?«, fragte die Nachbarin. Keine Ahnung, sagte mein Mann durch das geöffnete Fenster. Sie: »Aber man muss doch ein Ziel haben!« – »Das entscheidet sich in den nächsten Sekunden«, sagte mein Mann und deutete mit

dem Kopf zu mir, die auf dem Beifahrersitz auf das Handy-
display starrte. Norden oder Süden? Spätestens am Dorfende
musste ich es wissen. Fest stand nur: In den Osten nicht, dort
sollte es regnen.

Das Schöne an dieser Jahreszeit ist, dass man nicht zum
Sommer fahren muss. Er ist immer schon da. So wie die anderen Camper – leider, hätte ich fast gesagt. Am Bodensee lief
eine Ansage vom Band: ausgebucht. An der Ostsee waren wir
vor ein paar Wochen, das war teuer und weit, aber doch wunderschön. Denn für uns beginnt der Sommer, wenn wir das
erste Mal im neuen Jahr das Meer sehen.

Diesmal also gondelten wir durch süddeutsches Land, abseits
der schicken Camper-Ziele, dort, wo die Friseursalons »Chic
im Trend« heißen. Und eigentlich, da waren wir uns einig,
brauchten wir alle nur eines: ein Gewässer zum Baden. Nur ich
hatte noch eine andere fixe Idee: eiskalter Wassermelonensalat
mit Minze, Koriander und allerlei Schnickschnack.

Vielleicht hätte ich wissen können, dass dieses Stück Obst im
Laufe unserer Tour von der Verheißung zum Ärgernis und
schließlich zum Mahnmal werden würde. Aber die Melone sah
einfach so gut aus: grün und gigantisch und mit dem Versprechen von Rot und Süße. Und so fuhren wir los mit einer Melone, die das gesamte Küchenwaschbecken unseres Wohnmobils
ausfüllte.

Vermutlich trug ich die Sehnsucht nach etwas Leichtem,
Frischen in mir, weil mir die Speisekarte des vorherigen Campingplatzes noch im Magen lag: Überbackenes, dazu eine fantastische Knoblauchcreme. Es war einer dieser Plätze, die man
findet, ohne ihn gesucht zu haben. Die Landschaft so unspek-
takulär, dass ich sie schon wieder vergessen habe, irgendetwas
mit Feldern und Hügeln, darin eingebettet ein Badesee.

Was ich nicht vergessen habe: die tätowierte Träne unter dem Auge unseres Stellplatznachbarn. Ein Zeichen von Ex-Knackis, hatte mein Mann mir zugeraunt. Das wollte ich noch auf dem Handy googeln, aber am Badesee hatte ich keinen Empfang, und so zog das Wochenende dahin, und wir wurden Freunde. Nun, nicht ganz, aber es ist schon so, dass unser Kind den Blick auf andere verändert, wenn ich mal kurz ernst werden darf.

Denn dieser Mann mit dem ärmellosen Totenkopf-Shirt, den Tattoos am Körper und dem grauen Schnauzer war ein lieber Opa, der zu unserer Tochter mit Downsyndrom genauso freundlich war wie zu seinem kleinen Enkel. Es dauerte nicht lang, da stöberte unsere Tochter bei den fremden Großeltern im Vorzelt herum – bis sie plötzlich verschwunden war. »Dahinten«, sagte der Opa und deutete hundert Meter weiter ans Ende des Campingplatzes. »Die hat sich dahinten zu 'ner Frau gelegt.«

Ich fand unsere Tochter mit geschlossenen Augen vor. Das Kissen hatte sie der Frau abgeluchst, zusammen dösten die beiden unter einer rosa Fleecedecke, Kopf an Kopf, mitten auf der Campingwiese. »Ich hab hier gelegen, und dann hat jemand an mir gezupft«, sagte die nette Frau und zeigte mir ihre schwarze Schlafbrille. »Mama, Womo!«, befahl unsere Tochter. Ihr Tonfall war unwillig. Ich störte.

»Also, wenn sie Sie stört, sagen Sie Bescheid«, sagte ich, während unserer Tochter beim Räkeln ein kleiner Seufzer entfuhr. »Ach nee, das tut mir auch ganz gut«, sagte die Frau, und so schlenderte ich zu unserem Wohnmobil zurück. Noch im Gehen rief mir unsere Tochter hinterher: »Grüße, äh, Papa!«

Das Wunderbare an diesen namenlosen Orten ist, dass es hier keine Bändchen gibt, die Kinder ums Handgelenk tragen sollen, dass man die Schlüssel zum Tor bekommt, ohne ein Pfand zu hinterlegen. Man vertraut sich und man kennt sich, besser vielleicht, als einem lieb ist. So hörte ich, wie der eine Dauercamper frühmorgens zum anderen sagte:»Habt ihr jetzt 'nen Hund?« –»Seit drei Monaten.« –»Statt 'nem dritten Kind, oder was?«

So ist es auf Campingplätzen, alles ist öffentlich, erst die Familienplanung, dann die Erziehungsmethoden. Ruft ein Junge über den Badesee:»Du musst mal zurück zu deinem Papa! Du hast das Wohnmobil kaputt gemacht!« Ruft das Mädchen auf dem SUP zurück:»Nee!« –»Sonst kommt dein Papa zu dir.« Bei uns sind die Dialoge zunächst von großer Höflichkeit seitens unserer Tochter geprägt.»Wir müssen Fingernägel schneiden« –»Nein, danke!«,»Jetzt ist Zähneputzen!« –»Heute nicht.« –»Und kämmen!« –»Übermorgen!« Bis sie schließlich eskalieren.

»Übermorgen« ist die Antwort unserer Tochter auf alles, was nicht nur lästig, sondern unangenehm ist. Und setzen wir dann doch ein Mindestmaß an Körperhygiene durch, ist ihr Geschrei so laut, dass man es vermutlich noch im Knoblauchgässle hört. Das Gässle hieß übrigens wirklich so, sodass ich mich unwillkürlich fragte, wer wohl zuerst da war, die Knoblauchcreme oder die Anwohner.

Es ist mir jetzt schon öfter passiert, dass mir etwas ins Auge fällt, das sich als Mosaikstein einer neuen Geschichte eignet – und dann nimmt plötzlich alles eine andere Wendung. Ich liebe zum Beispiel Schwarze Bretter auf Campingplätzen, wo schon die Zettel die Fantasie anregen.»Eure Thermomix-Hexe ist auf dem Platz«, las ich an der Ostsee, mit dabei die»Limited Edition«.

Oder dieser Anschlag »zu verkaufen«, vorbildlich in seiner

Seriosität und verblüffend in seiner Offenheit. 20 Tabs zur Geruchsvermeidung bei Chemietoiletten seien im Originalbehälter enthalten, so die Angabe, wovon 17 noch zur Verfügung stünden. Im Viererpack des schnell löslichen Toilettenpapiers fehle allerdings eine Rolle.

Mit diesem Blick fürs Skurrile war mir auch ein Camper auf einem Stellplatz aufgefallen, der, so schien es mir, einen Spanngurt aus der Heckgarage als Hosengürtel trug. Und während ich das Gespräch suchte, um mir dieses Ding genauer anzusehen, erzählte der Mann plötzlich von seiner erwachsenen Schwester, die auch eine geistige Behinderung habe und jetzt in einem Heim lebe. Die, wenn ihr alles zu viel werde, anfange, sich an den Haaren zu zupfen.

Er erzählte von seinem Bruder, der ein schwerbehindertes Pflegekind in seine Familie aufnahm und es 20 Jahre lang umsorgte. »So ein Kind gibst du ja nicht einfach wieder her«, sagte er und schaute mir in die Augen.

Es ist verrückt, aber plötzlich entsteht mit einem Wildfremden zwischen Mülleimer und Parkscheinautomat ein Moment der Nähe, bevor alle wieder in ihre Fahrzeuge steigen und sich in alle Himmelsrichtungen zerstreuen.

Wir sind ja selbst nicht ganz unauffällig. Oder sehen Sie öfter Männer um die 50, die auf einem Besen reiten? Einmal um den Campingtisch herum, um die Schultern ein gestreiftes Badetuch als Mantel? Und eine Schaufel als Schwert?

Es ist einfach so, dass unsere Tochter ein großer Fan von Sankt Martin ist, saisonal unabhängig. Und so saß ich auf der Stufe zu unserer Wohnmobiltür und schaute meiner Tochter zu, wie sie in der Sommerhitze »Im Schnee saß« sang. Am liebsten spielt sie den armen Mann und bittet mit gefalteten Händen: »Oh, helft mir doch in meiner Not!«

Der Sommer bringt alle zusammen, und es gibt zwei Orte, an denen sie plötzlich funktioniert, die Inklusion, die oft nur Illusion ist. Das ist das Freibad und der Campingplatz. Hier laufen die Wege wieder zusammen, die sonst oft in getrennte Welten führen, alles ist durchlässiger, spontaner, hier gibt es noch ein Finden, das absichtslos passiert.

Leidenschaftlich spielten die beiden Fußball, unsere Tochter und der Enkel unseres Nachbarn mit dem Totenkopf-Shirt, und als ein anderes Campingkind ihn wegziehen wollte, sagte der Junge: »Ich kann jetzt nicht. Ich hab schon was ausgemacht!« Und kickte den Ball wieder zu unserer Tochter.

Natürlich wäre es am schönsten gewesen, sie hätten zu dritt weitergespielt, aber der andere war beleidigt davongetrottet. Und darf ich es nicht auch schön finden, dass unsere Tochter mal die Erwählte ist und nicht die Stehengelassene, wie es ihr immer wieder passiert?

Nicht, weil die anderen Kinder unfreundlich wären, sondern weil es, je älter alle werden, immer schwieriger wird, die richtigen Spielkameraden zu finden, diejenigen, bei denen es für beide Seiten passt.

Mit diesem Gefühl, dass der Sommer uns schon etwas bescheren werde, waren wir auch zu unserer Melonen-Tour aufgebrochen. Und hatten einen Campingplatz gefunden, der zu schön ist, um ihn zu verraten. Klein und versteckt am Waldesrand, mit einer Hängematte am Bachlauf, in Radeldistanz zum nächsten Freibad.

Drei Tage lang Schnitzel, Limoncello Spritz, Wasserrutsche. Und, wenn ich Ihnen mal was verraten darf, wir kennen uns ja nun schon etwas länger: Früher hätten Sie mich zu beiden Plätzen jagen müssen, zum Freibad und zum Campingplatz. Und wenn mir einer gesagt hätte, das seien die Orte zum Glücklichwerden, hätte ich betreten zu Boden geschaut und an Fußpilz gedacht.

Ein bisschen ist mir von meinem alten Ich geblieben: Ich bin bis heute eher der Beckenrandtyp. Aber wenn ich sehe, wie sich unsere Tochter fünf Meter hinter meinem Cocktailglas zum ersten Mal in ihrem Leben auf eine Wasserrutsche traut und mit Spritzen und Jauchzen in das flirrende Blau eintaucht, dann bin ich es wirklich: glücklich.

»Machst du jetzt die Melone?«, fragte mein Mann, als ich gerade ein sich windendes Kind mit Sonnencreme einschmierte, das wiederum im Begriff war, seine fettigen Finger an den Sitzbezügen abzuwischen.

»Hört nix«, sagte unsere Tochter in die Stille hinein, noch nicht wissend, dass es Fragen gibt, die keine Antwort erwarten. Es war der Morgen vor der Fernreise-Messe, die wir unbedingt besuchen wollten.

Wir hatten uns endlich vom Freibad losgerissen, und, ja, ich hatte in den Tagen zuvor mehrfach mit dem Gedanken an den Melonensalat gespielt und ihn, schnitzelsatt und träge, wieder verworfen. Man hätte das Riesending ja auch kühlen müssen, und der Kühlschrank war voll. Nun aber hatte ich andere Sehnsüchte, zum Beispiel die nach echten Monster-Mobilen. Oder wenigstens nach ein paar Ausrüstungsgegenständen für unser Monsterlein.

Was folgte, war ein Tag für alle Suchenden, die meinten, das Glück müsse noch woanders zu finden sein als am Beckenrand, zum Beispiel im Dreck. Gemeinsam standen wir an einem Schlammloch, zusammen mit den anderen Abenteurern und Träumern, die an ihrem Softeis schleckten, und schauten den 20-Tonnern zu, wie sie sich durch den Matsch wälzten.

Wir bummelten vorbei an einem Crawler mit Raupenfahr-
werk, ich blätterte durch ein Handbuch für Äxte, lernte etwas
über richtiges Schwingen und Spaltschläge – bestimmt auch
nützlich für Melonen –, und als meine Familie aufbrach, um
auf einer staubigen Piste Kinder-Quad zu fahren, entdeckte ich
das größte Wohnmobil meines Lebens. Zu seinen Füßen saß
eine Mutter im Schneidersitz und stillte ihr Offroad-Baby im
Schutze des gigantischen Reifens.

Ich war sogar, einem plötzlichen Drang folgend, am Stand
einer Firma stehen geblieben, die die Abwesenheit der anderen
zum Geschäft gemacht hatte. Post nachzuschicken, gehörte zu
ihren einfachsten Dienstleistungen. »Aber«, hatte der Mann
versprochen, »wenn Sie zum Beispiel drei Monate durch Kana-
da fahren und Sie haben zu Hause einen Wasserrohrbruch,
dann regelt meine Frau das mit den Handwerkern.«

Dieser Satz klang noch lange in mir nach, auch, als wir schon
wieder in unserem eigenen Monster saßen. Fürs Erste habe ich
mir ein T-Shirt gekauft mit ein paar Bäumen und Bergkuppen
auf der Brust. Das gab es in der Nähe des großen Schlamm-
lochs.

»Irgendwann machen wir auch so 'ne große Tour«, habe ich
zu meinem Mann gesagt, als wir auf dem Heimweg waren, zusammen mit der Melone, und träumte von jemandem, der
mein Leben regelt, während ich weg bin.

Aber erst einmal mache ich jetzt den Salat. Übermorgen.

Der Neoprenanzug

Arztkoffer, Leo-Lausemaus-DVDs, Tonie-Figuren, Bücher – wenn man unsere Tochter lassen würde, würde sie vermutlich allein die maximale Zuladung ausschöpfen, am liebsten mit kiloweise Knete, die allerdings bei uns im Womo verboten ist. Ihr wichtigster Ausrüstungsgegenstand an Bord aber ist, ohne dass sie es weiß: der »Neo«. Der Neo sieht immer gleich aus: marineblau mit kurzen Ärmeln und Hosenbeinen, an den Schultern eine grelle Farbe. Jedes Jahr hängt dasselbe Modell eine Nummer größer auf einem Bügel in der Heckgarage, genauer gesagt: an der Innenwand der Garagentür.

Wir sind jetzt beim vierten Kinder-»Neo« angekommen, die vergangenen drei hat mein Mann als Erinnerungsstücke aufgehoben. Sie schmücken, der Größe nach aufgereiht, die Duschkabine im Badezimmer, und ich ahne, warum sie ihm so viel bedeuten. Dieses Mädchen im Neo ist SEINE Tochter. Ich liebe zwar das Meer, aber wenn es zu kalt ist, liebe ich vor allem den Anblick. Nicht so meine Familie.

Stolz sei er gewesen, sagt er, als unsere Mini-Camperin – damals noch schmal, fast schmächtig – zum ersten Mal mit ihm im eiskalten Atlantik spielte. Anfangs saß sie noch im Sand auf dem Wellenbrett, nur die Füßchen im Wasser. Später ließ sie sich durch jedes Meer ziehen, je schneller, desto besser. Sie pflügte durch den Ozean, baute im Neo Sandburgen gegen die Flut und rannte voller Übermut hinaus ins Watt und zurück, ein blauer Zwerg mit blondem

Pferdeschwanz. Unzählige Handy-Videos, unzählige Log-buch-Einträge gibt es mit derselben Szene: Ein Kind wird hochgeworfen, lachend, kreischend taucht es in die Wellen ein, wird vom Papa gerettet, keine Nordsee, kein Bergsee, kein Alpenfluss ist ihm zu kalt, solange man sich wie ein Äff-chen an seinen Papa klammern kann. »Noch mal! Noch mal!«, höre ich unsere Mini-Camperin rufen, während ich den beiden am Ufer sitzend zuschaue: meine Familie, ge-wärmt von Neopren und Liebe.

DIE TOUR –
Hab bitte keine Gefühle!

Wir hatten es gerade geschafft, den Pass auf 1948 Meter und nahezu das gesamte neunte Ehejahr, als mein Mann mich bat, nichts mehr zu empfinden. Ich verstand, was er meinte. Natürlich hatte ich sein Zucken auch bemerkt, dieses kurze Verreißen des Lenkrads, das ungünstig ist auf einer Schweizer Alpenstraße bei Gegenverkehr.

»Achtung«, hatte ich gerufen, halblaut nur, aber eindringlich, und dann hinzugefügt: »Ich hatte das Gefühl, du siehst den nicht.« – »Hab bitte keine Gefühle«, sagte mein Mann.

Hinter uns lag eine Straße, die mein Mann so gefühlvoll gefahren war, dass ich alle auf der anderen Seite des Berges zu einer großen Röstipfanne eingeladen hatte, um unser Überleben zu feiern. Ich habe sonst nie Angst, wenn mein Mann am Steuer ist. Dieses Mal schon.

Eine kurze Handyrecherche vor der Abfahrt hatte ergeben, dass es zwar eine Breitenbegrenzung auf der Passstraße gab, dass wir aber innerhalb der zulässigen Maße lagen. Also hatten wir uns – schlank, aber lang – mit 7,77 Meter plus Fahrradträger himmelwärts geschraubt, und mein Mann hatte gejubelt: »Gleich fahren wir in die Wolken!«

Und während wir unser Monster zum Bergsteigen trieben

und ich voller Freude die engen Kehren der Straße von oben fotografierte, kam es genauso: Die nahende Passhöhe brachte nicht nur ein Kapellchen am Wegesrand, sondern auch ein anderes Wetter. Die Straße war verschluckt, wieder da, verschluckt, und ich bekam feuchte Handflächen.

Das Fotografieren hatte ich auf der Fahrt bergab ebenso eingestellt wie den Blick zur Fahrerseite. Zwar nahm ich noch das neongelbe Schild wahr mit dem Ausrufezeichen: »Gefährliche Strecke«. Ansonsten konzentrierte ich mich auf die Felswand zur Rechten, denn links, hatte mein Mann beiläufig gesagt, sei »freier Fall ins Tal«.

Angefangen hatte alles recht harmlos: Wir waren so müde zu unserer großen Sommertour aufgebrochen, dass wir auf der Lkw-Spur Richtung Süden krochen, und selbst als uns eine alte Ente überholte mit zwei Männern vorn und einem Sonnenhut hinten, flüsterte mein Mann nur: »Jetzt muss ich Gas geben« – und sackte wieder in sich zusammen.

Die erste Nacht verbrachten wir auf dem Parkplatz eines Gasthauses hoch oben auf einem Schwarzwaldgipfel. Und als ich meinen Mann sah, wie er unserer Tochter ein Gute-Nacht-Küsschen geben wollte, wie er sich also mit geschlossenen Augen und gespitzten Lippen übers Heckbett beugte, eine Mischung zwischen duldsamer Esel und Buddha, und sich dabei mit einem Bein im ringförmigen Toilettensitz unserer Tochter verfing, der unaufgeräumt am Boden lag, während ich also beobachtete, wie er gleichzeitig versuchte, zu küssen und das Ding wegzutreten, und dabei den Ring am Bein zum Kreisen brachte wie einen Hula-Hoop-Reifen, da wusste ich: Wir sind wirklich urlaubsreif.

Es gibt für mich zwei Kategorien von Touren. Die kleinen Touren folgen einem strengen Rhythmus. Freitagnachmittag:

Abfahrt und Ankunft am Zielort. Samstag: Sein. Sonntag: Abbau und Rückfahrt. Um das Prinzip dieser Kurztrips zu erläutern, will ich kurz auf Barbara zu sprechen kommen.

Barbara – vielleicht hieß sie auch anders, zumindest war ein »a« am Ende ihres Namens – ist eine ältere Dame, die meine Tochter und ich trafen, als wir während einer dieser kleinen Touren zu einem Morgenspaziergang aufgebrochen waren. Der Parkplatz hatte sich über Nacht in einen kleinen Campingplatz verwandelt, und als wir losgingen, schliefen die anderen noch in ihren Monstern.

Am Ufer des Sees aber saß Barbara, über 80 Jahre alt, eingetaucht in goldenes Licht, und sagte: »Was ist die Welt schön!« Sie war gerade vom Schwimmen zurückgekehrt, wollte noch schnell die Zeitung lesen und dann wieder nach Hause fahren, bevor die vielen Menschen zum Planschen kommen.

Mehr als 30 Jahre lang hatte sie einen Wohnwagen am Bodensee stehen, erzählte sie, und weil sie jahrelang keinen Urlaub nehmen konnten – das Geschäft ließ sie nicht fort –, war der Campingplatz am Wochenende ihr Zufluchtsort. »Wie ist das Wetter bei euch?«, fragte sie den Platzbesitzer samstags zu Hause am Telefon. »Kommt her!«, sagte dieser. »Hier regnet's auch. Aber hier hat der Achim kein Büro und du keine Bügelwäsche!«

Nun habe ich keine Bügelwäsche, weil ich in der Abwägung mit anderen Aufgaben lieber zerknittert herumlaufe. Oder wie mein Mann es neulich formulierte: »Wir bügeln nicht, und wir gehen nicht zum Friseur. Fertig!«

Was mir zu schaffen macht, ist die mentale Bügelwäsche. Diese Erledigungslisten. Doch so zerknittert ich auch starte zu unseren Kurztrips nach der Arbeit, mit jedem Kilometer, den ich mich mit unserem Wohnmobil von zu Hause entferne, entknittert sich meine Seele.

Während es bei den kleinen Touren also ums Wegkommen geht, geht es bei den großen Touren ums Hinkommen, um das Erreichen eines Ortes, der lockt. Der Gotthardpass zum Beispiel. Warum unten durch, wenn man auch oben drüber fahren kann, hatten wir uns gefragt und beschlossen, den ersten Teil unserer Sommertour in der Schweiz zu verbringen.

Zur Inspiration für spektakuläre Strecken hatte ich mir vor der Abreise Filme über das Schweizer Postauto angeschaut, diesen gelben Bus, der ins hinterste Tal und zum höchsten Dorf fährt. Etliche Abende war ich im deutschen Bett mit dem berühmten »Dü-Da-Doo« des Schweizer Postautos eingeschlafen, dem Dreiklang der Sehnsucht.

Unser erster Stopp in der Schweiz war ein See, zu dem ich schon Ostern gern gefahren wäre, mehr als 800 Meter über dem Meeresspiegel. Doch damals war der kleine Campingplatz am Ufer geschlossen. Es gäbe manchmal noch Schnee, schrieb die nette Betreiberin. Nun aber standen wir direkt unterhalb einer Felswand, in der sich die Wolken verfingen, der See hinter der Windschutzscheibe wechselte zwischen Blau- und Grüntönen und sah aus, als sei er ein Fjord in Norwegen.

Leider regnete es. Es regnete und regnete, und unser ehemaliges Waldkindergartenkind mit Downsyndrom hatte vergessen, dass man auch bei Regen draußen sein kann. Es wollte drinnen sein.

Drinnen aber war es am zweiten Tag Regen so langweilig, dass man anfing, auf die Körpergeräusche der Fahrzeuginsassen zu achten. Mein Mann warf mir plötzlich vor, ich würde »mit Rückschlag« die Nase putzen, und als unsere Tochter, ein großer Fan von Körpergeräuschen aller Art, einen unbekannten Laut hörte, fragte sie: »Gluckert! – Bauch?« Dabei war es nur der Espressokocher auf dem Herd, den sie nicht kannte, haben wir doch meistens Strom und damit die Kaffeemaschine in Betrieb.

Dieses Mal aber waren wir stromlos glücklich, als irgendwann die Sonne herauskam und wir hinaustraten in die Stille am See, die nur durchbrochen wurde vom Rauschen des Wasserfalls und, tatsächlich, dem Dreiklanghorn des Schweizer Postautos auf der gegenüberliegenden Uferstraße.

Die Stille am See war so laut, dass ich unwillkürlich an unseren letzten See denken musste, an Barbaras See. Auch dieser hatte seine eigene Atmosphäre, vor allem abends, wenn die Tagesausflügler wieder in ihre Autos gestiegen waren, der Asphalt des Parkplatzes nachglühte und die Kühle der Tannen hinunter zu den Fahrzeugen zog.

Auf den frei werdenden Parkplätzen übte ein Mädchen mit fliegenden Zöpfen Seilspringen. Eine Mutter, die mit ihrem Caddy als Campingmobil unterwegs war – unten zwei Hundeboxen, darüber die Schlaffläche –, las ihren Kindern im Kofferraum Gute-Nacht-Geschichten vor, und als alle Kinder schliefen, kamen Olli und seine Freunde.

Olli war besoffen und zeigte seinen besoffenen Freunden, wo sie schlafen konnten im uralten Wohnmobil seiner Eltern. Zumindest nehme ich an, dass es seine Eltern waren, die morgens hektisch und schlecht gelaunt das uralte, zahnsteingelbe Mobil neben uns abgestellt hatten, die Windschutzscheibe blind vor Dreck. Ob sie ahnten, was sich nachts in ihrem Fahrzeug abspielen würde?

»Wir sind zu fünft«, sagte einer von Ollis Freunden, während sie mit den Taschenlampen ihrer Handys das alte Wohnmobil ableuchteten. Und Olli, der Gastgeber, lallte großzügig: »Wenn ich nachher besoffen bin, dann juckt mich das nicht, ob ich auf der Wiese liege.«

Ich schlief in jener Nacht zu folgendem Dialog aus dem Nachbarmobil ein:

Ollis Freund: »Hier ist 'ne Leiter. Wohin führt die denn?«

Olli: »In die Hölle.«

Als der Himmel an unserem Schweizer Bergsee aufriss, reiste auch dort eine Gruppe von jungen Männern an mit VW-Bus und Zelt. In null Komma nix hatten sie ihr Camp errichtet. Ihr Ziel für die kommenden Tage: Sie wollten sich eine Pyramide aus Altglas ertrinken und gingen das Ganze strukturiert an, indem sie sofort mehr als ein Dutzend Bierflaschen leerten, in Reihe legten und hinter der letzten Flasche zwei Heringe einschlugen, als Basis ihres Bauwerks.

Überhaupt ist vieles geregelt in der Schweiz, nicht nur das Trinken. So gab es an unserem Campingplatz im Tessin öffentliche Waschlisten im Sanitärgebäude, sodass für den gesamten Platz offensichtlich war: Huber hatte ab 13.15 Uhr die Waschmaschine in der Mitte belegt. Auch seine Stellplatznummer war dokumentiert, ob zur Zusammenführung von Unterwäsche und Besitzer oder zur Feststellung eines etwaigen Waschvergehens, weiß ich nicht. Natürlich trugen auch wir uns ein für die Waschmaschine links in der Zeit ab 14.15 Uhr.

Das mag übertrieben wirken, muss es aber nicht, wenn man einmal – wie ich in Frankreich – den ganzen Tag auf eine freie Waschmaschine gelauert hat und die Stunden nicht am Strand, sondern im gekachelten Sanitärgebäude herumgelungert hat wie ein Privatdetektiv mit Waschzwang.

Es ist nicht nur die Menge an Wäsche, die einem sagt: Diese Tour ist lang. Auch wenn mir in meinem Wohnmobilschrank plötzlich ein sauberes gelbes Schwämmchen entgegenfällt, kommt es mir wieder in den Sinn.

Mein Kleiderschrank ist mein Geheimfach für alles, was

überflüssig ist – nach Ansicht meines Mannes. Ein zusätzliches Geschirrhandtuch, ein Extra-Schwamm zum Spülen, eine Joker-Küchenrolle, meine Laterne, alles findet sich dort neben T-Shirts, Kleidern und Fleecejacken, wenn wir für mehrere Wochen unterwegs sind. Dabei gehe ich höchst ungern spülen. Aber ich möchte mir das Notwendige wenigstens mit frischem Schwamm versüßen, wenn wir am Ende des Urlaubs angelangt sind und ich selbst so vollgesogen bin mit Eindrücken und Erinnerungen wie ein altes Geschirrschwämmchen.

Zum Beispiel von diesen Stunden im Flusstal, in das die Menschen mit Sonnenschirmen und Strandtüchern pilgerten, um dort zwischen riesigen Gesteinsbrocken im flaschengrünen Wasser zu baden, sich ein paar Meter von der Strömung hinwegtreiben zu lassen, Staudämme zu bauen oder hoch oben auf einem sonnenheißen Fels ein Buch zu lesen oder – besser noch: ins Nass zu springen.

Hier, in der grünen Schlucht, war der Lärm des Campingplatzes vergessen, die rosafarbene Ritterburg, das aufblasbare Sofa, die kleinen Feuerchen, die überall loderten. Schon frühmorgens hackten die einen Holz, während sich die anderen auf ihren Yogamatten streckten.

Unsere ersten Nachbarn machten im Hochsommer Käsefondue unter ihrer Markise, unser zweiter Nachbar hängte ein Schild an seinen meterlangen Wohnwagen: »zu verkaufen«. Er wolle, erzählte er, bald nach Australien, zusammen mit der Familie und dem kleinen Hund: »Ohne ihn würden wir nicht gehen.« Am anderen Ende der Welt werde er sich wieder einen Wohnwagen kaufen, sagte er, dieses Mal aber ein Offroad-Modell. Ein Känguru hatte er sich schon auf dem Oberarm tätowiert.

Ich dagegen saß einfach eine halbe Stunde auf meinem Stein,

schaute in den wilden, schäumenden Fluss, sah, wie sich das flaschengrüne Wasser über die Steine ergoss, klar und geschmeidig wie flüssiges Glas, und merkte, wie es plötzlich geschah: das Ankommen.

Der Gotthardpass ist es übrigens doch nicht geworden, sondern einer der vielen anderen Pässe in der Schweiz. Unsere unvergessliche Himmelsfahrt. Und jetzt geht sie weiter, die große Sommertour – und Sie wissen ja: Am Ende wartet immer ein Meer.

An der Küste möchte ich mal wieder ans Steuer, und ich kann nur hoffen, dass mein Mann keine Gefühle dabei hat.

DIE MITFAHRER –
Wenn ein Stinktier campen geht

»Vielleicht wirst du ja vom Murmeltier gerissen«, hatte mein Mann gesagt, kurz bevor wir unseren geliebten Stellplatz oberhalb der Baumgrenze erreichten, tief in den Alpen. Um den seltsamen Unterton zu verstehen, das Hoffnungsvolle und das Tröstende, das in diesem Satz steckte, muss ich über mein Verhältnis zu Tieren reden.

Generell schätze ich, so wie die meisten motorisierten Camper, eine gewisse Bodenferne. Sonst würde man ja zelten, und zwar unten auf der Erde und nicht auf dem Dach. Ich jedenfalls bin froh um jeden Zentimeter Wegstrecke, den Insekten zurücklegen müssen bis zu meinem Wohnmobilbett im Heck, auch wenn ich ein gewisses Verständnis habe für Ameisen und ihren Wunsch nach Traumstraßen. Zum Beispiel diejenige, die über die Sturmbänder unserer Markise steil hinauf aufs Dach führte, gewiss mit wunderbarer Aussicht.

Vögel und Fische sind mir eher gleichgültig, Freude empfinde ich nur bei Säugetieren, die mir auf unseren Touren begegnen. Wobei ich nie so weit gehen würde, ein Selfie mit einer Kuh zu machen, wie es andere Camper taten. So zumindest interpretiere ich das Verbotsschild, das ich mal auf einem Schwarzwälder Stellplatz sah.

Ein Säugetier jedoch gibt es, dem ich nicht begegnen möchte: dem Bären. Weshalb ich bei der Vorbereitung unserer diesjährigen Sommerroute diverse Bärenkarten studiert habe und nun über eingewanderte Individuen und Populationsgrößen in Europa Bescheid weiß. Denn irgendwie finde ich Bären auch anziehend, obwohl ich sie meide.

Damit ich trotzdem etwas zu erzählen habe, wenn wir zu Hause sind, setzten mein Mann und ich also aufs Murmeltier. Das hatte ich schon im Osterurlaub knapp verpasst, als wir plötzlich eingeschneit waren auf knapp 2000 Metern. Vielleicht aber würde es dieses Mal klappen hoch oben in den Bergen?

Hinter uns lag eine Mittelmeertour, die uns gefordert hatte. Unter anderem deshalb, weil unsere Tochter nur »die Rote« hören wollte, die rote Musik-CD, und zwar sobald wir den Motor anließen.

»*Wenn das Stinktier in die Disco geht*« wurde meine Filmmusik für die lieblichen Hügel des Piemont. Den Elefanten, den Bären, den Affen in der Disco hatte ich zu dem Zeitpunkt schon so verinnerlicht, dass ich sie gar nicht mehr wahrnahm. Beim Stinktier aber sang ich leise mit. Zu »*Es tanzt Rock 'n' Roll*« brausten wir die norditalienische Küste entlang, wobei wir gewiss nicht brausen wollten auf dieser kurvigen Autobahn mit ihren wechselnden Tunnel- und Brückenabschnitten in schwindelerregender Höhe. »*Und sein angenehmer Duft wie französisches Parfüm, erfüllt die Luft.*«

Doch nachdem uns ein rasender Lkw nach dem anderen in der Röhre überholt hatte – »*Eins, zwei, drei und vier, das Stinktier ruft: ›Komm und tanz mit mir‹*« –, erhöhte auch mein Mann die Geschwindigkeit – »*Fünf, sechs, sieben, acht. Und alle haben mitgemacht*« –, um nicht von Tanklastern an den Straßenrand gedrückt zu werden.

Erstaunlich ist, wie viele Haustiere in den Sommerurlaub fahren. Schon im vergangenen Jahr war mir das aufgefallen, als im Nachbarwohnwagen zwei angeleinte Langhaarkatzen aus der Tür traten und im Vorgarten eines anderen Campers eine Schildkröte spazieren ging. Als ich den Hinweis eines Campingplatzbetreibers las, »Reptilien verboten«, schauderte mir, wissend, dass jedem Verbot ein entsprechendes Ereignis vorangeht. Wer beziehungsweise was campte gerade neben uns? Hatte unser Nachbar vielleicht keinen Python-Sitter gefunden für die Ferien?

Von den Hundebesitzern ist man ja gewohnt, dass sie ein Porträt ihres Begleiters auf die Außenwand ihres Wohnmobils kleben, sodass man im Idealfall den herumlungernden Schäferhund mit dem abgebildeten vergleichen kann. Insofern kam ich ins Grübeln, als ich das gigantische Wohnmobil, groß wie ein Omnibus, auf unserem Campingplatz am See betrachtete.

Es hatte in erster Reihe geparkt, und seine Bewohner hatten sich an der Vorderseite eine eigene Terrasse mit frei schwingenden Loungesesseln und Seeblick errichtet. Auf der anderen Seite – gewissermaßen in ihrem Hinterhof – stand ein Mehrpersonenzelt; das war die Garage für ihr in der Heckgarage mitgeführtes Quad. Sie erraten sicher meinen Gedankengang, wenn ich sage: Auf der Seitenwand klebte das Abbild eines Esels.

Nicht immer sind Reisegemeinschaften freiwillig. Ich erinnere mich noch an ein Ehepaar, das mit seinem nagelneuen Fahrzeug neben uns stand. Sie selbst sei Camping ja gewohnt, erzählte sie und sprach mit erhobener Stimme gegen das Kläffen zweier Hunde an, die sich mutwillig in ihren Leinen verhedderten. »Er gar nicht. Aber er hat sich dann auf das Abenteuer eingelassen.«

Vermutlich war sie es auch aus erster Ehe gewohnt, morgens

das Bettzeug aus dem Wohnmobil-Schlafzimmerfenster zum Lüften zu hängen. So, wie sie es nicht lassen konnte, Campinggeschichten aus erster Ehe zu erzählen. Wie ihrem nagelneuen Ehemann das gefiel, weiß ich nicht. Die Patchwork-Hunde zumindest konnten einander nicht leiden, mussten aber nun zusammen Urlaub machen.

Wir dagegen führen nur ein Schwimmtier mit, genannt: die Kröte. Die Schildkröte ist grün und stattlich. Wenn wir stehen, klemmt sie zwischen Wand und Fahrradträger, und im vergangenen Jahr ist sie sogar aufgeblasen in der Heckgarage auf einen 2000er-Gipfel hinauf- und wieder hinuntergefahren, um in wechselnden Bergseen zu baden.

Irgendwie passt sie besser zu uns als das dümmlich grinsende Lama, das aufgeblasen bei unseren Nachbarn campte, und die vielen Flamingos, Einhörner und Seehunde, die sonst so unterwegs sind. Manche würden sagen, die Kröte sähe missmutig aus. Ich finde, sie hat Charakter.

Das erinnert mich daran, dass ich Ihnen schon vergangenes Jahr davon erzählen wollte, was es mit der »Midholiday-Crisis« auf sich hat. Diesem Gefühl erdrückender Gegenwart, das einen manchmal überfällt, wenn die Verklärung des ersten Streckenabschnitts abgeschlossen ist und einem die Endlichkeit aller Urlaubstage bewusst wird – und damit die Endlichkeit aller Optionen. Man kennt die Zweifel aus anderen Zusammenhängen: Hätte man anders entscheiden, einen anderen Weg, ein anderes Ziel wählen sollen? Hätte man vielleicht sogar vorher buchen müssen?

Natürlich wussten wir, was uns am Mittelmeer in der Hochsaison erwartete. Doch wir weigern uns Jahr für Jahr, die Wohnmobiltour wie einen Hotelurlaub zu planen, auch wenn wir nun ein Kind im sommerferienpflichtigen Alter haben.

Denn das Tingeln ist doch Teil des Konzepts, und oft fügt es sich am Ende doch. Man muss halt betteln können, von Angesicht zu Angesicht, an der Rezeptionstheke. Charmant und verzweifelt, das klappt manchmal, wobei man im besten Fall beides noch nicht einmal spielen muss. Nur eines darf man nicht, lernte ich im vergangenen Jahr: aussehen wie unsere Kröte. Doch ich fürchte, genau das tat ich.

Dieses Jahr habe ich dazugelernt. Ich ließ mich vom Rezeptionisten wegschicken, belehren und herbeizitieren und lächelte auch beim dritten Mal noch wie das dümmliche Lama und besorgte uns auf diese Weise einen Stellplatz in erster Reihe mit freiem Blick aufs Meer. Zumindest für eine Nacht. Davor standen wir bei den Tauben.

Leider hatte ich mir zeitgleich eine gewaltige Magenverstimmung zugezogen, sodass ich den Tag bei Bullenhitze im Heckbett verbrachte und sogar die Zaubervorstellung auf dem Campingplatz verpasste. Während ich im Wohnmobil Salzstangen hinunterwürgte, streichelte unsere Tochter einen Python, der mit seinem Sitter unterwegs war.

Und während sie voller Begeisterung einem Mann im Publikum um den Hals fiel, nachdem dieser den Trick mit der Guillotine überraschenderweise überlebt hatte, versuchte ich, mich in Demut zu üben: Wer hat schon eine Lebensmittelvergiftung mit Meerblick?

Als ich wieder auf den Beinen war, entdeckte ich in jenem Palmenkübel, auf den ich einen ganzen Tag gestarrt hatte, ein kleines Pflänzchen, zurückgelassen vom letzten Camper. Erst hatte ich das fahrende Basilikum für ein rein deutsches Campingphänomen gehalten von Menschen, die sich im Herzen mediterran fühlen und dies auch zeigen möchten – gerade in Abgrenzung zu anderen Campern, die Topfblumen mit sich führen.

Auch wir hatten natürlich ein Basilikum an Bord, und ich kam allein auf fünf in unserer Nachbarschaft, darunter auch bei einer italienischen Familie. Während unser Basilikum ein essbarer Deko-Artikel ist und frisches Grün an die Tomate und unter die Markise bringt, haben andere handfeste Gründe für ihre Reisebegleitung. Der intensive Duft vertreibe die Mücken, erklärte mir diesen Sommer ein Basilikum-Camper. Ach, sagte ich und kratzte mich am Bein.

Der zweite Grund für unsere »Midholiday-Crisis« hatte mit einem Gefühl der Enge und der Beklemmung zu tun, wie ich es an der norditalienischen Küste öfter hatte, speziell aber auf diesem Campingplatz, dessen Gäste sich morgens an einen winzigen steinigen Strandabschnitt bewegten, indem sie eine Straße über- und einen Eisenbahntunnel unterquerten, um schließlich Schirm an Schirm auf Liegestühlen zu vegetieren. In meinem Kopf formulierte sich eine bange Frage: Hatten wir das falsche Meer gewählt?

Nein, stellte ich viele Kilometer und ein Land weiter fest, als wir die Côte d'Azur erreicht hatten, genauer gesagt: das Umland von Saint-Tropez. Und niemanden wunderte das mehr als mich. Noch auf dem Weg dorthin, als die Harleys an uns vorbeizogen und unsere Tochter aus dem Wohnmobil rief: »Leiser, bitte!«, war ich skeptisch gewesen. Doch die Empfehlung einer anderen Camperin hatte zu gut geklungen: ein kleiner Platz unter Pinien, neben einem Weinberg gelegen, nicht weit vom Strand von Pampelonne.

Hier fand die Animation nicht auf dem Campingplatz statt, sondern davor. Wenn man nachmittags vom Spülen kam und ans Wasser pilgerte, lagen sie plötzlich in der Bucht: die schnittigen Jachten, wie ein Rudel Raubtiere, gekommen zum Jagen. Das Leittier hatte sogar einen Helikopter an Bord. Wir merkten schnell, wie es läuft auf der Halbinsel von Saint-Tropez: Der Pöbel fährt Maserati, die Mittelschicht kommt übers Wasser, und die, die wirklich Geld haben, fliegen ein.

Wir dagegen kamen mit unserem kaputten Schirm, den uns andere Camper überlassen hatten, statt ihn zu entsorgen, und suchten uns ein Plätzchen in der Nähe des Stegs. Dieser Steg über das Türkis war der Laufsteg der Bucht, gedacht für die Landgänger, die mit dem Boot von der Jacht zur Strandbar gebracht wurden in ihren hellblauen, langärmeligen Hemden, leicht zu unterscheiden von den schwitzenden Campern im T-Shirt. An der Seite der Landgänger: behütete Frauen.

Ein Pärchen flanierte direkt an unserem windschiefen Sonnenschirm vorbei, sie mit Gold durchwirktem Sonnenhut und wenig Kleid, er mit einem Herrentäschchen von Louis Vuitton, das aussah wie ein Kulturbeutel, den jeder Camper verschmäht hätte. Hier, an diesem seltsamen Ort, teilten sich die Camper, die morgens noch Holzwand an Holzwand geduscht hatten, mit den Landgängern den Strand, nur dass sich die einen auf gepolsterten Queensize-Liegen fläzten und die anderen im Sand brieten.

Leider war ich in jenem Moment nicht anwesend, den unser Nachbarcamper mit der Handykamera festhielt: Als sich unter die Flaneure zwei Wildschweine mischten und ihre Borsten im Meerwasser kühlten, am helllichten Tag.

»Wir haben noch unsere Wäsche im Schweinestall hängen!«, entfuhr es mir Tage später im Wohnmobil. Da waren wir schon im handzahmen Teil der Schweiz angekommen auf unserem Rückweg vom Mittelmeer und campten in der Nähe eines Riesenkaninchens, das »Heidi« hieß.

Den Winterstall der Tiere hatten die Besitzer des Ferienhofs für Camper aufbereitet: Gegenüber der Box standen Waschmaschine und Spüle, und in der Luft hing, auch im Sommer, ein gewisser Schweinchengeruch. Der jedoch passte gut zu den feuchten Kleidungsstücken, die wir vom Gebirgsbach mitgebracht hatten, von ebenjenem Lieblingsstellplatz oberhalb der Baumgrenze, von dem ich Ihnen schon erzählt habe. Und als ich die müffelnde Wäsche unseres kleinen Stinktiers in den Händen hielt, stand mir alles wieder vor Augen: dieser Tag, der auf knapp 2000 Metern begonnen hatte mit einem wundervollen Morgen.

Während meine Familie noch im Wohnmobil schlief, war ich allein aufgebrochen, tiefer hinein in die Alpenwelt, bereit für Begegnungen aller Art.

Ich entdeckte das Tier oberhalb des Wanderpfads, es war braun und kräftig, ein wenig gedrungen in der Gestalt. Langsam ging ich in die Hocke und verharrte regungslos, in respektvoller Distanz. Ich wusste, es hatte mich auch bemerkt. Wir waren allein am Berg.

Gemeinsam verbrachten wir eine Viertelstunde mit Weitblick, und irgendwann drehte mir das Murmeltier den Rücken zu und hoppelte davon. Vorher aber richtete es sich noch einmal auf – wie ein Bär.

Der Fahrradträger

Nicht, dass dieses Metallgestell am Heck besonders schön wäre. Aber es ist ein Sinnbild für ein Prinzip, das wir alle zu schätzen gelernt haben: das Huckepack-Prinzip. Erst nimmt man sein Haus huckepack aufs Fahrzeug, dann nimmt man sein Fahrrad huckepack aufs Haus, und manchmal, da wird sogar das Wohnmobil huckepack genommen. Und man selbst sitzt steuerlos im Cockpit und fährt mit dem Schiff übers Meer. Oder mit der Eisenbahn durch den Berg.

»Einfach geradeaus schauen«, hatte der Einweiser des Schweizer Autozugs meinem Mann zugerufen. Was blieb ihm auch anderes übrig. Die beiden Seitenspiegel mussten wir vorher einklappen, um uns in den offenen Waggon, diesen Metallkäfig, einzupassen. Handbremse anziehen, Foto von der Notfallnummer, und ab die Post! Aufregende Kilometer durch den Tunnel.

»Raus, raus!«, schrie unsere Tochter plötzlich, als wir durch die Dunkelheit donnerten und das Regenwasser von den Waggondächern auf unsere Windschutzscheibe spritzte. Zum Glück konnte ich ihre aufkeimende Panik mit einem Erfrischungsgetränk bekämpfen, serviert im Gewölbe des Gebirgsmassivs, frisch eingeschenkt aus dem Huckepack-Kühlschrank. „Prost!", riefen wir uns zu und feierten zu dritt eine Orangensaft-Party bei rasender Geschwindigkeit.

Unsere Tochter hat das Huckepack-Prinzip so sehr verinnerlicht, dass ein Ausflug mit dem Fahrrad, dem kleinsten in der Räderfamilie auf dem Heckträger, meist mit einem

Anflug von Beinchenmüdigkeit endet – was unsere Tochter zum Anlass nimmt, aufzusteigen. Auf ihren Träger namens Papa.

DAS FEINDBILD –
Unverschämt sind immer die anderen.

»Hab ich das richtig gehört?«, fragte ich den kleinen, alten Mann in der Fleece-Weste. »Haben Sie gerade ›weiße Pest‹ gesagt?«

Er war im Gespräch vertieft mit einer neuankommenden Frau, die ihrem Mann dabei behilflich war, seine weiße Pest einzuparken. Und ich glaube, ihm wurde in dem Moment klar, dass auch ich zu einem weißen Fahrzeug gehören musste, nämlich dem hinter mir. Also versuchte er, das Gespräch am Laufen zu halten, ohne seine Nachbarinnen zu vergraulen. Trotzig wiederholte er das Wort »weiße Pest«, während er mir in die Augen schaute, und fügte mit schiefem Grinsen hinzu: »Meiner ist grün. Ich stelle mich in den Wald, und keiner sieht mich.«

Seit über 40 Jahren sei er Camper, erzählte er, erst mit dem Zelt, dann mit dem VW-Bus, und jetzt mit dem Grünen, aber heutzutage würde »das alles überhandnehmen«. Die Folge: Alles verboten, Höhenbeschränkungen überall, gerade an den Parkplätzen nahe am Wasser. Ein Jahr noch würde er fahren, sagte er, bis zum nächsten TÜV, dann sei Schluss.

Man ist es als Wohnmobilfahrer gewohnt, Unwillen auf sich zu ziehen. Manche stehen offen zu ihren Gefühlen, wie in Italien und Frankreich, wo der Beifahrer andere Aufgaben hat, als ich sie kenne. So sah ich zwei Mal einen rechten Arm weit aus dem Fenster hängen. Was man ja auch positiv bewerten kann, sollen die Hände des Fahrers doch am Lenkrad bleiben und die Konzentration woanders liegen als auf der Streckung des Mittelfingers.

Natürlich provozieren diese vielen Wohnmobile, die man auf der Autobahn rollen sieht, eines nach dem anderen, eine Karawane von Monstern, kurz: die weiße Pest. Dazu noch diese Sprüche auf der Heckwand. Das fängt an bei »Ich sehe was, was du nicht siehst« und hört auf bei »Reise vor dem Sterben, sonst reisen deine Erben«. Einmal sah ich einen Camper, der ein Sternbild auf den Autolack geklebt hat. »Kleiner Wagen«, stand darunter. Mit dem würde ich ins Gespräch kommen, dachte ich sofort, schon deshalb, weil Männer einem ja sonst immer den großen Wagen zeigen wollen.

Trotzdem schmerzt der Spott, Joghurtbecher, Kühlschrank, was muss man sich nicht alles anhören. Nur weil man keinen gehäkelten Toilettenpapierhut auf die Sirene seines selbstausgebauten Feuerwehrautos setzen kann. Ein kleiner Trost ist der Ratschlag, den mir mal ein Händler auf einer Wohnmobilmesse gab. »Bleiben Sie so nah wie möglich an der Serie!«, hatte er gesagt. Je individueller das Auto, desto schwieriger sei es, später jemanden zu finden, der denselben Geschmack hat, dieselben Bedürfnisse und dieselben finanziellen Möglichkeiten. Es ging ihm um den Wiederverkaufswert. So muss man das auch mal sehen: Wohnmobile sind mittlerweile eine rollende Geldanlage. Auch wenn ich lieber an mein eigenes Glück denke als an das meines Nachfolgers.

Ich finde, man muss einfach das Beste aus der Ware machen. Wie jenes Pärchen, das ich in warmer Sommernacht vor seinem Wohnmobil sitzen sah. Es schaute sich mithilfe eines Beamers ein Fußballspiel an – mit Kinofeeling – dank seiner strahlend weißen Wohnmobilwand.

Die psychologischen Verstrickungen, in denen man sich als Camper wiederfindet, sind in jedem Fall interessant, dieses Schwanken zwischen Minderwertigkeitskomplex und Hochmut, zwischen Solidarität und Aversion. Kennen Sie diese Aggression, wenn man auf Leute trifft, die all das verkörpern, was einem selbst zuwider ist? Mit solchen will man nicht in einen Topf geschmissen werden. Die verderben den Ruf. Die Wahrheit ist: Der härteste Kritiker des Campers ist der Camper.

Den entsetzlichsten Campingplatz meines Lebens entdeckte ich an einem See im Südwesten Deutschlands. Es war unglaublich heiß, Waldbrandgefahr überall, die eine Hälfte des Platzes war schon betrunken, die andere auf gutem Weg, und alle hockten an ihren Feuerchen inmitten des trockenen Gehölzes und hatten es geschafft, dieses Stück Natur nicht zu bewohnen, sondern zu verwüsten.

Da werde ich bissig. Genauso wie an jenem Freitagabend, als wir an einem Parkplatz ankamen mit ausgewiesenen Stellflächen für Wohnmobile. Zwei dieser Stellflächen waren noch frei, und auf anderthalb von diesen zweien machte sich gerade ein älteres Ehepaar breit.

Ich, freundlich lächelnd: »Können wir da reinfahren?«

Camper-Hexe: »Das wird ein bisschen eng.«

Ich: »So ist's Leben.«

Camper-Hexe: »Wir wollten morgen die Markise rausmachen!«

Ich: »Wer will das nicht?«

Also nahmen wir die einzig andere verbliebene Parklücke, deren Bewohner bereitwillig ihr SUP zur Seite räumten, die Camper-Hexe baute trotzig bei untergehender Sonne ihre Markise auf, windschief und ungesichert auf dem Asphalt. Erst als am nächsten Morgen das radelnde Ordnungsamt routinemäßig vorbeikam aus dem nächsten Dorf, begnügte sie sich mit nur einem Stellplatz.

Wir dagegen lernten in unserem Camperleben nicht durch das Ordnungsamt, sondern durch das Funkeln in den Augen der Nachbarn, wie mir mein Mann neulich verriet. Denn anfangs hatte er, aus Unwissenheit oder Unverschämtheit, unser Wohnmobil gern so geparkt, dass es auf der einen Seite die größtmögliche Terrasse bot und auf der anderen direkt auf der Grenzlinie stand.

Was zur Folge hatte, dass wir beim Be- und Entladen der Heckgarage immer auf dem Grundstück unseres Nachbarn herumtanzten, genauer gesagt: auf seiner Terrasse. So etwas macht man nicht. Und man stellt auch keinen einzelnen Stuhl auf seinen Stellplatz, während man mit dem Wohnmobil zum Einkaufen fährt. Stellplatz ist Stellplatz, weg ist weg. Das zumindest hatten wir von Anfang an begriffen.

Es liegt eine Sollbruchlinie zwischen den Alt-Campern, die »schon immer« gecampt haben, und zwar zu Zeiten, als es noch Geheimplätze gab und anständiges Camper-Benehmen, also »früher«, und den Neu-Campern. Oder wie einer unserer Stellplatznachbarn sie mal nannte: den »Corona-Campern«.

Sofort fühlte ich mich damals bemüßigt festzustellen, dass wir keinesfalls »Corona-Camper« seien, sondern schon ein paar Jahre vor der Pandemie angefangen hatten, nämlich als unsere Tochter drei Jahre alt war und wir feststellten, dass in einem fahrenden Zuhause unsere Zukunft liegen könnte.

Auf der anderen Seite wollte und konnte ich nicht leugnen, dass wir das »Früher« unseres Nachbarn auch nicht kannten, aber mittlerweile unser eigenes »Früher« haben, und auch in unserem »Früher« gab es weniger von uns.

Der Stellplatznachbarin aber ging es nicht nur um die Masse, sondern um den Menschenschlag. »Es campen Leute, die keine Camper sind«, sagte sie. Woran sie diese erkennen würde, fragte ich zurück und machte mich bereit für einen schnellen Sündenabgleich im Kopf.

»Keine Camper« würden nicht auf den Wegen bleiben, sondern quer über die Plätze laufen. »Die gehen quasi unter deinem Dach durch.«

(Puh, mache ich nicht, also höchstens, wenn der Stellplatz nicht besetzt ist und ich eine Abkürzung durch die Gluthitze suche. Und na ja, neulich, als der Weg außen herum so weit war, habe ich mich an der Wand eines Hauszeltes entlanggedrückt, Verzeihung!)

»Keine Camper« würden nicht grüßen bei der Ankunft, wollten überhaupt am liebsten mit niemandem reden und säßen vor ihrem Fahrzeug mit »so einem Gesicht«. (Ohne Schuld!)

»Keine Camper« würden siezen. (Nur im Ausland kleine Unsicherheiten und bei großem Altersunterschied!)

»Keine Camper« würden unbekannte Flüssigkeiten einfach in den Gully entleeren. (Natürlich nicht, was für eine Sauerei! Oh Gott, das halbe Glas Apfelsaft mit den schwimmenden Insekten!)

Es sei aber auch, gab ihr Mann zu bedenken, eine Frage des Fortschritts. »Jeder hat alles«, sagte er. Auch sie hätten mittlerweile eine Rangierhilfe mit Motor für ihren Wohnwagen. Früher dagegen habe man sich schnell gegenseitig geholfen, wenn einer ein Problem gehabt habe, und schon sei der Kontakt da gewesen.

Kontakt gerne, aber muss es gleich Hautkontakt sein? Einmal waren wir auf einem Campingplatz, der sich über einen ganzen Hügel bis hinunter ans Meer erstreckte, nur zu befahren mithilfe eines detaillierten Stadtplans, den man an der Rezeption ausgehändigt bekam. Auf dem schmalen Strand waren so viele Camper wie Tauben.

Trotzdem traf ich an jenem Taubenstrand eine Frau, die fand, dass sich die Menschen doch gut auf dem Gelände verteilten. Und auf einem Campingplatz, der neben dem Flughafen lag, sagte unser Nachbar ins Dröhnen der Privatjets hinein: »Ach, die höre ich gar nicht mehr.«

Seine Lieblingsplätze lässt sich eben niemand vermiesen, auch nicht an den oberitalienischen Seen, wo sich der Campingplatz oft am tiefsten Punkt befindet, eingeklemmt zwischen Straße und Seeufer. Dort nahmen die Camper freudig einen Sundowner auf Höhe des Lastwagenauspuffs. Natürlich kann man es konsequent finden, dass campende Verkehrsteilnehmer in den Abgasen anderer Verkehrsteilnehmer Urlaub machen, aber man muss den Duft der Kamelienblüte schon inhalieren, um es zu vergessen.

Fest steht: Der Camper hat Sitzfleisch, und im Laufe der Jahre wird ihm die sitzende Haltung zur inneren Haltung. So beklagte sich eine erfahrene Wohnwagen-Camperin mal über dieses Gerenne am Flughafen. Wie erholsam sei dagegen ein Stau: »Man hat Essen dabei, man hat Getränke dabei und das Klo am Haken – da kann nicht mehr viel passieren.«

Die schlimmsten Feinde sind ohnehin die unsichtbaren. Sie machen einen fertig, ohne dass man sie fassen kann. Wie jener unbekannte Parkplatzmanager in Italien, der den Zorn meines Mannes auf sich zog.

Man muss dazusagen, dass sich mein Mann selbst in labilem Zustand befand an jenem Nachmittag. Draußen herrschten den neunten Tag in Folge Temperaturen um die 36 Grad, und ich hatte ihn mitten in der Nacht geweckt, nachdem ein Blick in den Wohnmobilspiegel mir gezeigt hatte, dass ich aussah wie ein Hamster. Woraufhin wir im Dunkeln aufgebrochen waren, ich mit einem Eispack an der Wange, um über tausend Hügel zur nächstgelegenen Zahnklinik einer Großstadt zu fahren. Diese wiederum war in einem Einkaufszentrum untergebracht, und dort, auf dem Parkplatz, hatte mein Mann geparkt.

Es war eine Szene, die das Zeug gehabt hätte zum YouTube-Hit: eine riesige Asphaltfläche, ohne Autos, ohne Menschen, aber mit Bäumen durchsetzt. Parkplatzbäumen, die einst als Schattenspender gepflanzt, doch seit langem nicht mehr gestutzt worden waren. Bäume, die in jede Fahrspur hineinwucherten, die ihre Äste ausbreiteten und sich reckten und streckten, nur um uns den Lack zu zerkratzen, rechts, links, oben, unten, überall, Bäume, die wuchsen und gediehen, lebensfroh und ungestüm, ohne sich um den Preis für professionelle Lackreparaturen zu scheren.

Dazu mein Mann, der den armen Parkplatzmanager verwünschte wegen seiner Verfehlung, also des fehlenden Baumbeschnitts: »Das kommt davon, wenn man sich um nichts kümmert!«, ich als Hamster auf dem Beifahrersitz, der immer neue Wege durch den Dschungel vorschlug: »Schau mal, da ist der Pfeil zur Ausfahrt!« Ein Wohnmobil, das vor- und zurücksetzte, ein Quietschen, ein Schleifen, ein Fluchen, Blätter, Äste, die auf die Windschutzscheibe klatschten, mein Mann blind vor Grün und grün vor Wut, und dann, nach 20 Minuten, der Erlöser, der aus dem Nichts auftauchte.

Er habe gesehen, dass wir Probleme hätten, sagte der Italiener freundlich. Er würde nun die Schranke an der Einfahrt für uns öffnen. Nur für uns. Wir sollten schnell sein auf dieser Fahrspur entgegen der Pfeilrichtung und auf den Verkehr achten als Geisterfahrer.

Als wir kurz darauf durch die Einfahrt preschten, auf einer Straße ohne Bäume, winkte ich euphorisch Richtung Kamera. Es war der Abschied für einen wahren Freund.

DIE KÜCHE –
Kochen, backen, grillen –
Reisen mit Völlegefühl

»Ich spring schnell raus!«, rief ich, die Hand schon am Türgriff. »Nein!«, schrie unsere Tochter auf der Rückbank, die wusste, dass es ein Sprung ins Ungewisse sein würde. So wie jedes Mal. Ungewiss ist dabei nicht, ob ich den Bäcker oder den Fleischer erreiche, sondern wie lange es dauert, bis ich wieder zusteigen kann. Denn eines steht fest: Niemals wird ein Wohnmobil halten können vor einem Laden.

Im Springen hörte ich noch Wortfetzen, dann raste mein Mann davon, erst zweimal um die Verkehrsinsel, dann wechselte er gasgebend von der inneren Spur des Kreisverkehrs in die äußere, um pfeilschnell abzubiegen, zurück auf die lange, lange Straße, aus der wir gekommen waren.

Bekümmert schaute ich ihm hinterher, erinnerte ich mich doch, dass die Straße rechts und links von Meer gesäumt war, ohne Wendemöglichkeit. Ich meinte, seine Wut in der Beschleunigung zu hören. Aber gut, ich hatte Lust auf Pastete. Oder diese Blätterteig-Teilchen mit Champignoncremefüllung. Was nur waren seine letzten Worte gewesen, bevor er verschwand? War es ein Fluch gewesen, eine Anweisung, ein Abschied? Auf jeden Fall würde ich mir die Blätterteig-Teilchen später knusprig in unserem Ofen aufbacken, nahm ich mir vor.

Habe ich schon erzählt, dass mein Mann, bevor er mein Mann wurde, bei unserem ersten richtigen Date wahnsinnig gute belegte Brote mitgebracht hatte zu einem Picknick im Park? Nicht nur, aber auch deshalb, kam es zu einem zweiten Date und in der Folge zu einer Familie, in der alle gerne essen, und in letzter Konsequenz auch zur Kaufentscheidung eines Backofens im Wohnmobil.

Mir kam das anfangs etwas affig vor, aber mein Mann hatte auf den Ofen bestanden – zum Glück. Ich weiß noch, wie mir auf einer Sonnenliege in Dänemark plötzlich der Duft von Schokoladenkuchen in die Nase stieg, und es gibt Fotos, die ich nicht veröffentlichen möchte, auf denen mein Mann mit nacktem Oberkörper neben einer Kuchenform posiert. Madonnenhaft lächelnd, den muskulösen Arm auf die Arbeitsplatte unserer Wohnmobilküche gestützt.

Es war ein Sommer, in dem die Hitze die Startbahnen von Flughäfen zum Bersten brachte, als wir plötzlich anfingen, im Urlaub zu backen. Was wir zu Hause nie tun. Aber der fahrende Ofen war fabrikneu, und nie wieder hat ein Kuchen so gut geschmeckt wie jener in Dänemark, lauwarm und süß, mit zerlaufener Sahne und einer Brise vom Meer.

Überhaupt ist im Logbuch auffällig oft von Nahrungsmitteln die Rede. »Spargel im Camper gegen 23 Uhr, auf den Punkt gekocht«, heißt es zum Beispiel. Oder: »Gute Aussicht. Super Mettwurst!«

Und neulich hörte ich mich diesen Satz zu meinem Mann sagen: »Einer der schönsten Momente beim Campen ist, wenn du mit der Bratpfanne rauskommst.« Dabei zeugen unsere Mahlzeiten nicht nur vom Herzblut des Kochs, sondern auch von seiner Selbstlosigkeit. Oder wie meine Tochter es formuliert, wenn die Reste des Schinken-Käse-Omeletts zwischen uns dreien aufgeteilt werden: »Papa nichts!«

Als wir kürzlich davon sprachen, dass wir es zu Hause vielleicht mal mit Askese probieren sollten, rief unsere Tochter begeistert: »Auch Käse!«

Der weise Walter, mein Fahrlehrer beim Sicherheitstraining für Wohnmobile, hatte also wieder einmal recht gehabt. Noch bevor er zum Theorieteil kam, hatte er damals in die Runde im Seminarraum gefragt: »Was ist das Wichtigste für Camper?« Schweigen. »Das Essen.« Und hatte den Speiseplan fürs Mittagessen vorgetragen. Dazu den Satz: »Wir fahren doch alle immer mit vollem Kühlschrank los. Als gäb's woanders nichts.«

Natürlich gibt es das, aber es ist eine Frage der Beschaffung. Zu Hause träume ich von Lädchen mit hängenden Salamis und Theken mit herrlichen Torteletts, sehe die Gassen vor mir, durch die ich schlendern werde. In Wahrheit habe ich schon viele Urlaubsstunden auf fußballfeldgroßen Parkplätzen von Super- oder gar Hypermarchés verbracht, zusammen mit unserer Tochter, schweißüberströmt wegen der Hitze und der Angst. Angst, jemand könnte uns, das Monster unter den Fahrzeugen, rammen. Das ist natürlich undankbar. Das Parken selbst ist ja schon Gnade genug.

Die Angst des Campers vor dem Hunger betrifft übrigens auch Menschen, die mit großem Zelt unterwegs sind, zumindest in Frankreich. Ich weiß noch, wie wir auf einem französischen Campingplatz standen und immer neue Autos vorfuhren, vollgeladen mit fünf, acht Koffern, und wir über die Menge der mitgeführten Kühlschränke staunten. Der größte, ein Freisteher mit unglaublichem Gesamtvolumen, wurde in einem eigenen Anhänger gebracht. Man kann das naturfern finden, aber ich habe großes Verständnis dafür, um nicht zu sagen: Wohlwollen. Wer mit seinem Kühlschrank Urlaub macht, kann kein schlechter Mensch sein.

Und so bekam ich fast ein wenig Mitleid, als ich auf einem Campingplatz mal ein trauriges Küchengerät traf. Einsam stand es auf einem großen Stellplatz in der Ecke. War es zurückgelassen, gar zurückgestoßen worden? Später lernte ich, dass man in Frankreich oft Kühlschränke mieten kann auf Campingplätzen. Das tröstete mich. Das Gerät wartete einfach auf neue Esser.

Für Wohnmobilfahrer ist die geschickteste Lösung, gleich bei der Nahrungsquelle, ob flüssig oder fest, zu übernachten. Wohnmobiltouren von Weingut zu Weingut oder von Brauerei zu Brauerei haben einen festen Ablauf: einparken, einschenken, einschlafen. Und am besten steht man auf einem Bauernhof, der vieles miteinander vereint, so wie unserer in Italien. Eine wunderbare Entdeckung, die sich erst spät als solche entpuppte.

Während wir durch die liebliche Landschaft des Piemont kurvten, war uns plötzlich ein widerlicher Gestank in die Nase gestiegen. »Das ist Schweinepisse«, sagte mein Mann, und wir hofften, dass nicht ausgerechnet hier unsere Azienda lag. Tat sie aber. Noch während ich mich mit den anderen Campern über das Zusammenspiel von Windrichtung und Stellplatz unterhielt und dabei höflich vom »Bauernhofgeruch« sprach, schoben sich die Bauernhoftiere in unser Bewusstsein, also die Fliegen.

Noch nie, wirklich noch nie, haben wir so viele Fliegen pro Quadratmeter in unserem Wohnmobil beherbergt wie auf diesem Hof. Sieben zählte ich allein über meinem Bett, vorne müssen es um die 20 gewesen sein.

Doch schon als ich von der Weinprobe am Fuße der riesigen Holzfässer zurückkehrte (fünf Rote), waren mir die Fliegen gleichgültig geworden, und als wir die Stufen zur Terrasse emporstiegen und uns plötzlich hoch über den Weinbergen wiederfanden, waren sie vergessen. Unser Sechs-Gänge-Menü, das mit Vitello tonnato bei sinkender Sonne begann und mit Tiramisu unterm Sternenhimmel endete, war die vielleicht beste Mahlzeit meines Lebens, zumindest die längste. Und als der italienische Kellner bunte Luftballonschlangen an alle Gästekinder verteilte und diese jauchzend einen Ballon-Schwertkampf zwischen den Tischen fochten, als unsere Mini-Camperin mit einer anderen Mini-Camperin tanzte und Übernachtungsparty unter der Tischdecke spielte, da spürten es, glaube ich, alle, die auf der kleinen Terrasse saßen: Dieser Abend war ein Geschenk.

Als wir am nächsten Morgen abfuhren, hatten wir frische Tomaten, ein selbstgebackenes Brot und eine Artischockencreme im Gepäck. Die Creme, hieß es, könne man gut beim Grillen verwenden, das taten wir auch, allerdings erst viele Kilometer weiter am Meer. So ist das beim Bauernhof-Camping: Die Bordverpflegung für den nächsten Stopp ist immer gesichert, und das Wort Nahrungskette bekommt eine ganz neue Bedeutung.

Den Traum, mal eben neben einer Boulangerie oder einer Pasticceria am Straßenrand zu halten, habe ich trotzdem noch nicht aufgegeben. Und manchmal, da kann ich einfach nicht anders, als zu springen, den Blätterteig-Teilchen entgegen – und der Champignoncreme.

Als ich an jenem Tag in Frankreich, beladen mit kleinen Schächtelchen, gefüllt mit Pastetchen, wieder aus der Bäckerei trat, war von unserem Wohnmobil keine Spur. Vielleicht, überlegte ich, hatte mein Mann einen anderen Treffpunkt zum Fenster herausgerufen. Oder eine Uhrzeit.

Noch während meine Gedanken um den Inhalt der Schächtelchen kreisten, raste ein Wohnmobil heran. Die Schächtelchen an meine Brust gedrückt, begann ich zu laufen, um kurz vor dem Kreisel aufzuspringen. So schnell ist er doch sonst nie, dachte ich noch. Doch das Wohnmobil vor meiner Nase, eben noch im Bremsvorgang, beschleunigte schon wieder. Da fiel mir auf: Es war gar nicht mein Mann.

Kennen Sie diese verrückten Gedanken, die einem manchmal kommen? Wie wäre mein Leben weitergegangen, wenn ich am Kreisel in das fremde Wohnmobil gestiegen wäre? Welche Ausfahrt hätte das neue Wohnmobil wohl genommen?

Das ist natürlich nur ein Irrlichtern im Gehirn. Ich bin sehr glücklich mit unserem Wohnmobil – und seinen Insassen. Außerdem reist man nirgends mit solch angenehmem Völlegefühl wie bei uns.

Erst viel später erfuhr ich, wie die Worte meines Mannes lauteten, die der Fahrtwind davongetragen hatte: »Bring noch ein Eclair mit!«

Die Markise

Die Markise ist eine fabelhafte Erfindung. Denn sie schützt nicht nur vor Sonne, sondern auch vor Regen, wenn man vor seine Wohnmobiltür tritt. Vor allem aber erweitert, ja verdoppelt sie den Raum, auf dem man seinen Urlaub verbringt. Sie macht, zusammen mit ihrem Kompagnon, dem Outdoorteppich, aus einem nichtssagenden Flecken Erde die eigene Terrasse. Hier trinkt man tagsüber entspannt seinen Kaffee und abends geborgen seinen Wein.

Und wenn man am Mittelmeer keinen Platz mehr unter einer Pinie bekommen hat, wird man der Markise ewig dankbar dafür sein, dass man an ihr bunte Tücher und luftdurchlässige Planen, fachsprachlich: Gittergewebe, befestigen kann. Die Markise bildet den Grundstein für eine Art improvisiertes Vorzelt – und damit berühren wir einen sensiblen Punkt meiner Camperinnen-Identität.

Ich muss zugeben, dass mir Vorzelte immer unsympathisch waren. Ein Sinnbild für Starre, dabei will ich doch mit unserem Reisemobil reisen und nicht verharren und erstarren.

Ein einziges Mal habe ich bisher in einem Vorzelt gesessen, das war auf einer Campingmesse, und ich muss sagen: Zunächst fand ich es sogar recht angenehm, dieses abgeschirmte Sitzen bei zugezogenem Reißverschluss. So lange, bis der Verkäufer mit ein paar Kunden im Schlepptau hereintrat und die Vorzüge des Gummibands bei schrägen Fenstern erläuterte. Wenn die Gardinen gerade hinunterhingen, sagte er, bliebe ein Spalt offen, durch den andere Camper hineinspähen könnten. Klemme man hingegen die Gardinen hinters Gummiband, sei alles blickdicht. Diese Begeisterung fürs Luft- und Blickdichte ist mir fremd. Natürlich hat die Wohnwagen-Camperin, mit der ich mal über den Sinn von Vorzelten diskutierte, recht, wenn sie sagt: »Mit Kindern braucht man Platz, und wenn die Kinder sich wohlfühlen, haben die Eltern Urlaub. Also Vorzelt.« Auf der anderen Seite sagte sie einen Satz, der in seiner Klarheit und Schönheit fast zur Lebensweisheit taugt: »Vorzelt macht träge.« Und deswegen bleibe ich dabei: Bei mir gibt's nur Markise. Schon deshalb, weil wir beim Fahren endlich mal Zeit haben, uns zu unterhalten.

DAS SELBSTPORTRÄT –
Jetzt redet er! Auf der A9

Haben Sie Gefühle für meinen Mann? Schon länger? Was auch immer Sie mit meinem Mann verbindet, Sympathie, Mitleid, Bewunderung, Neid, Empörung, Seelenverwandtschaft, vielleicht würden Sie gern mal seine Stimme hören. Wie ist sein Blick auf das Campingleben? Und wie sieht er sich eigentlich selbst?

Mich hat das auch interessiert. Immerhin ist er der Grund, weswegen ich hier sitze. Warum die ganze Geschichte losging, der Urknall des Monster-Universums. Da soll er auch mal was sagen dürfen. Deswegen habe ich meinen Mann interviewt, mit Tonband im Cockpit, als unsere Tochter schlief. Wir waren kurz vor Nürnberg, als ich ihm die erste Frage stellte. Nach seinen Verdiensten im Wohnmobil. Ich dachte, da fängt er an zu sprudeln.

»Ich bin Fahrer, Techniker und Koch. In der Reihenfolge. Und wenn du mich nach meinen Glanzleistungen fragst, würde ich sagen: In der Küche war es dieses leckere Pfeffersahnefilet und im Technikbereich dieser Morgen, als ich die Ketten aufgezogen habe. Denn die Ketten bin ich ja auch nicht gewohnt, und es war kalt und auch spannend mit dem Schneefall. Das kann ich auf jeden Fall mitgeben: Bei einer Alpenüberquerung müssen die Ketten dabei sein.

Beim Fahren sehe ich die Hauptverantwortung immer noch bei mir. Auch wenn sich das relativiert hat, seitdem du auch fährst. Anfangs habe ich immer mit aufgepasst, dass du nicht zu weit rauskommst auf der Seite. Aber auf der letzten Tour habe ich sogar mal kurz die Augen zugemacht, weil ich wusste: Du fährst den sicher. Das ist ein Riesenvorteil. Du bist ein vollwertiger zweiter Fahrer. Ebenbürtig.«

»Na, ebenbürtig würde selbst ich nicht sagen.«

»Ja, nicht ebenbürtig, aber über mittelgroße Distanzen volleinsatzfähig, so wollte ich es sagen.«

Jetzt schaut er, wie ich schaue. Ich nicke mal.

»Mit der Hauptverantwortung meine ich: Wenn wir beide müde sind oder das Licht nicht mehr gut ist, dann fahre ich einfach, solange es irgendwie geht. Was das Essen betrifft, muss ich zugeben, dass ich dich ein bisschen aus der Küche verdränge. Ich möchte lieber selbst kochen, weil, ja, weil ich nicht das volle Vertrauen habe, dass es bei dir immer schmeckt.«

»Bitte?«

»Jaaa …«

»Was schmeckt denn bitte nicht?«

»Ich habe zum Beispiel heute dieses leckere Essen gemacht, und da waren einfach viele kleine Kniffe dabei, das Würzen, verschiedene Zutaten, es war liebevoll geschnitten. Das dauert immer seine Zeit. Du bist ungeduldiger, und ja, wie du schon sagst, das liegt dann schwerer im Magen. Natürlich macht mir das Kochen auch Spaß, sonst würde ich es nicht tun. Ich trinke dann ein Bierchen dazu.«

Wahnsinn. Aber meine Schnittchen nimmt er immer gerne. Ohne Butter, aber mit Schinken. Üppig belegt. Oder ein Würstchen, aber bitte mit Senf. Und gerne noch etwas Süßes hinterher. Darf es noch ein Schokoladenkeks sein? Mit dicken Backen machen sie immer wilde Gesten, alle beide. Wie oft habe ich die zwei schon auf Parkplätzen abgefüttert. Ein Brot nach vorne, eins auf die Rückbank, eins nach vorne usw. Ich konnte gar nicht so schnell schmieren, wie die Schnittchen weg waren. Und die lagen dann nicht schwer im Magen, oder was? Na ja. Man muss professionell bleiben. Nächste Frage:

»Findest du es denn angenehm, mit mir zu reisen?«

»Sehr. Wenn du bei Sinnen bist, bist du eine sehr gute Beifahrerin. Gut im Finden von Plätzen und gut vorbereitet mit diesen Büchern zu den Badeorten. Ich kann mich darum kümmern, ob man irgendwo Mautgebühren zahlen muss, aber ich bin froh, dass du die Routenplanung machst. Es gab natürlich schon Situationen, in denen du das Handtuch geworfen hast. Wo du gesagt hast: Ich find nix. Dann greife ich ein. Ich weiß, dass du das immer ein bisschen kränkend findest, wenn ich sage: Hier, in 2,8 Kilometern ist was am Schwimmbad! Aber bevor ich am Steuer einschlafe, greife ich eben zu meiner App. Doch das kommt wirklich selten vor. In der Regel hast du es sehr gut im Griff.«

*Am Schwimmbad! Am Schwimmbad gibt es immer was. Als ob
es um Stellplätze an sich ginge. Natürlich gibt es die. Aber zu laut
darf es nicht sein und nicht direkt an der Schnellstraße, gerne im
Grünen, aber nicht zu weit von der Autobahn, mit guter Luft und
vielleicht sogar mit Aussicht? Schön wäre auch ein Gasthof in der
Nähe, also Laufnähe. Nicht zu teuer, aber anständig ... Was heißt
eigentlich »Wenn du bei Sinnen bist«? Aha, er grinst. Er scheint
also bei Sinnen zu sein.*

*»Und wie siehst du unsere Entwicklung im Wohnmobil? Also von
unserem Fiepi und mir?«*

»Ich freue mich jedes Mal, dass alles so gut klappt mit euch.
Dass alles so gut aufgegangen ist. Mir selbst hat das Fahren ja
schon immer Spaß gemacht. Mit 15 hatte ich ein Mofa, mit 18
ein Motorrad, mit 19 einen alten Mercedes. Ich habe das ge-
nossen: Voller Tank, und du kannst machen, was du willst! Ich
habe auch immer Leute mitgenommen über die Mitfahrzen-
trale. Und ich bin gerne Taxi gefahren während des Studiums.
Wer steigt ein? Gibt es ein interessantes Gespräch? Das hat mir
gefallen. Ich habe immer gern gequatscht als Taxifahrer. Ich
war wie Frau Mümmel.«

*Der Arme. Sein Gehirn ist genauso gewaschen wie meines. Ich
denke an Benjamin Blümchen und er an Frau Mümmel. Kennen
Sie Frau Mümmel? Ein berufstätiges Kaninchen bei Peppa Wutz –
der Schweinchen-Zeichentrick-Serie, die unsere Tochter immer
schaut.*

»Auf dem Campingplatz quatschst du ja auch gerne.«

»Klar, aber ich habe auch immer Spaß, die Geschichten der Leute zu hören. Im Taxi war ich richtig hungrig darauf. Einen habe ich in den Knast gefahren, die alten Leute zum Arzt, auch Prominente waren dabei. Das war so ähnlich wie beim Campen. Du wusstest nie: Was passiert? Wie wird der Tag? Dazu noch dieses Wohlfühlgefühl im Auto, vor allem im eigenen, wenn es draußen regnet oder schneit. Der Spruch damals war: Ich fahre mein Wohnzimmer spazieren. Und jetzt fahre ich mein Haus.«

»*Dann haste dich eigentlich verbessert.*«

»Schon. Rückschritte habe ich natürlich bei der Musik gemacht. Ich habe immer meine Musik gehört, und jetzt höre ich Fiepis Kinderlieder. Aber wir sind eben jetzt zusammen unterwegs, und ich genieße das. Diese Enge im Womo kannst du auch als Nähe sehen. Man sitzt nebeneinander, steht nebeneinander, legt die Beine übereinander, legt die Hand mal rüber. Man ist sich vom Platz näher und auch vom Gefühl.

Die Verbundenheit kommt auch daher, dass man im Urlaub die Wege gemeinsam geht, nicht wie zu Hause, wo wir uns alle in verschiedene Richtungen verstreuen, zur Arbeit, zur Schule. Im Womo überlegt man: Was machen WIR morgen? Ich habe mich mit Fiepi sogar auf ihre Filme geeinigt. Ich schaue mit ihr auch ›Ernie und Bert‹. Ich weiß gar nicht, ob ihr das so gut gefällt. Aber sie schaut es halt gerne, weil sie weiß, dass es mir gefällt. Meistens singen wir dann beide das Anfangslied mit und haben 'ne Decke über die Beine.

Irgendwann mache ich trotzdem die Tür zu, die Schiebetür zum Heck. Denn man braucht auch mal sein eigenes Bett und seinen eigenen Sitz. Vor allem, weil ich vorher keinen Sitz habe.

Es sei denn, ich gucke ›Ernie und Bert‹. Aber der Normalfall ist: Auf einem Sitz sitzt du, auf dem anderen Fiepi, und weil es eben nur zwei bequeme Drehsitze gibt, muss ich mich hinkauern, auf diesem Notsitz an der Seite, stocksteif, mit den Beinen im Gang. Was auch okay ist, weil ich meistens sowieso in der Küche bin. Es hat sich halt so gefügt. Ich komme mit so wenig Sitzzeit und Sitzplatz klar. Auf der anderen Seite genieße ich es auch, wenn ihr weg seid. Dann benutze ich beide Sitze. Auf dem einen sitze ich, und auf dem anderen lege ich meine Füße ab.«

In letzter Zeit lässt er das Hubbett sogar schon halb herunter, während wir beide noch vorne herumlümmeln. Und ich habe plötzlich ein Brett vorm Kopf. Das finde ich schon sehr deutlich als Zeichen. Aber gut, ein bisschen kann ich es verstehen. Ich krieche dann auch weg. Unterm Bett hindurch, nach hinten.

»So richtig Zeit für uns beide haben wir eigentlich nur beim Fahren. Dabei kann man gut erzählen und zuhören. Zu Hause ist man schnell beim Organisieren, aber hier im Womo kann man nette Sachen besprechen, wie die letzte Tour war, wo man noch hinfahren will oder wie sich Fiepi entwickelt hat.

Mittlerweile nimmt sie natürlich viel mehr Platz ein im Womo. Weil sie eben ihre Musik einfordert und auch das eine oder andere Essen. Und weil sie ohnehin gerade ihre rebellische Phase hat. Aber Platz nimmt man ja auch nur dort ein, wo man sich zu Hause fühlt. Heute früh kam einer und meinte auf Bayerisch zu ihr: ›Ah, bist a Camperin? Give me five!‹ Fiepi war gerade auf meinen Schultern, zum Reiten, und hat eingeschlagen und gesagt: ›Ja, ja!‹ Die ist schon 'ne Top-Beifahrerin! Oder Mitfahrerin. Sie meckert auch nicht darüber, was wir hier machen, sondern fährt in der Regel brav mit. Man muss halt ihre Befehle befolgen.

Auch bei dir ist es so, dass du dich im Womo eindeutig zum Guten entwickelst. Du bist lustiger. Es ist insgesamt eine entspanntere Stimmung als zu Hause. Du sagst ja gern, dass man darauf angewiesen sei, dass die Stimmung gut bleibt im Wohnmobil. Weil man nicht in einen anderen Raum gehen kann. Aber diesen Zwang spüre ich eigentlich selten. Außerdem habe ich ja nie schlechte Laune. Okay, morgens habe ich immer schlechte Laune. Und im Womo ist sie halt noch schlechter wegen der schlechten Luft.

Schön wäre, man könnte sich diese besondere Stimmung, dieses Es-sich-gemütlich-Machen nach der Rückkehr bewahren. Zu Hause ist es ja nicht immer so gemütlich. Das Chaos, das Fiepi anrichtet, ist auch noch größer. Hier ist maximal in einer halben Stunde alles wieder an seinem Platz, es gibt gutes Essen, und es wird eingeheizt. Es ist schon so, wie du sagst: Eigentlich führen wir im Womo das bessere Leben.

So, hast du noch eine praktische Frage an mich?«

»Wir müssen hier ab.«

Drei Dinge sind mir noch wichtig. Erstens, ich lache auch zu Hause. Zweitens, ich kann sehr wohl kochen. Drittens: Meine Liebe liegt nicht schwer im Magen.

DIE NACHT –
Meeresbrise oder Raumkapsel?

Manchmal schlage ich mitten in der Nacht die Augen auf. Nicht mehr schlafend, doch noch nicht wach, verharre ich einen Moment in der Dunkelheit. Wo bin ich? Ich taste nach der nächsten Wand, spüre den Stoff meiner Bettdecke, drehe den Kopf in die Richtung, aus der der feine Luftzug kommt, und höre das Geräusch in meiner Nähe: das Schnarchen eines fremden Mannes. Beruhigt lege ich mich auf die andere Seite. Alles ist gut. Ich bin auf einem Campingplatz.

Die Nächte sind etwas Besonderes auf unseren Touren. Gerade die Sommernächte, in denen man dosieren kann, wie viel Außenwelt man an sich heranlässt. Fenster auf und Meeresbrise? Oder Fenster zu und Raumkapselgefühl? Denn das Wohnmobil hat das Potential, seine Passagiere in einen speziellen Zustand zu versetzen, nicht der Schwere-, sondern der Ortlosigkeit, gepaart mit Geborgenheit, weiß man sich doch umschlossen von einer schützenden Hülle und ausgestattet mit einem eigenen Lebenserhaltungssystem.

Jedes Mal, wenn wir erst abends unseren neuen Zielort erreichen und der Motor endlich aus ist, vollzieht sich dieses Ritual: Erst werden die faltbaren Papierrollos zugezogen, Fenster für Fenster, um die Erde und das All auszublenden, dann folgt der Ausruf unserer Tochter: »Stuhl drehen, bitte!«, der die nächste Phase einläutet. Der Vordersitz wird zum Sessel und das Fahrzeug zum Wohnzimmer.

Ist die Beleuchtung ein- und die letzte Mücke ausgeschaltet, vergisst man sofort, wo man sich befindet. Ein paar Quadratmeter Innenraum werden die Welt, ein Mikrokosmos, in dem alles immer gleich ist, dieselbe Ordnung und dieselbe Unordnung, dieselben Abläufe und dieselben Probleme, egal, ob man auf einem Stellplatz an der Straße steht oder in der Urlaubswildnis.

Als Erster geht Häse ins Bett. Häse ist ein Stoffhase, der zu seinem Namen kam, weil unsere Tochter lange das Wort »Häschen« nicht aussprechen konnte. Jetzt nennen wir ihn alle so. Er gehört zur Kernfamilie, keine Tour läuft ohne ihn, und mir gefällt die Ernsthaftigkeit seines Namens neben all den Lillis, Lucys und Mias zu Hause in ihren Puppenbetten. Außerdem ist Häse zäh. »Schmissen«, sagt unsere Tochter mit einem Funkeln in den Augen, wenn er mal wieder aus dem Heckfenster geflogen ist.

Häse fährt Boot auf dem Lago Maggiore und Schlitten in Österreich, und seitdem unsere Tochter schwimmen lernt, muss auch Häse oft baden gehen. Nachmittags hängt er an einem Ohr auf der Wäscheleine hinter dem Wohnmobil und tropft.

So hart sein Leben tagsüber ist, abends wird er Teil der großen Sanftheit, die sich über alles legt. Denn jeder wird von unserer Tochter zu Bett gebracht, ob Teddy oder Eisbär. Das ist zu Hause so und auch im Wohnmobil. »Nacht, Freunde! Nacht, alle!«, sagt sie und drückt jedem einen Kuss auf die Schnauze. »Träum schön!«, murmelt sie, bevor sie Häse und die anderen mit einem Blatt Küchenrolle zudeckt oder einem Mikrofaserlappen oder mit ihrer Mütze.

Dann schlafen die Stofftiere auf dem Tisch oder auf einem

Sitz, denn nur ein sauberer Freund darf ins Bett, habe ich entschieden, weshalb ich im Laufe der Tour immer neue frisch gewaschene Freunde von zu Hause aus einem Versteck hole und sich die Schar der Tiere im Wohnmobil stetig vergrößert, der Platz für Schlafgelegenheiten jedoch nicht. Einmal sah ich, wie das Äffchen in der Bratpfanne schlafen musste.

Als Nächstes krabbelt unsere Tochter ins Heckbett. Auch sie kennt die Campingregeln längst, weiß, dass ihr Platz rechts im Bettenlager ist, und auch die Ablage für ihre Brille ist festgelegt. Auf dem oberen Seitenbord, nirgendwo sonst, darf sie liegen. Was dann noch fehlt, ist eine Tonie-Figur aus dem Spielzeugfach und eine Geschichte zum Einschlafen.

Manchmal, wenn ich selbst todmüde bin, lege ich mich einfach neben sie und höre, wie mein Mann mit einem Unterton der Befriedigung sagt: »Ich mach schon mal das Gatter hoch.« Dann lässt er die Stange mit dem Netz einrasten, die als Rausfallschutz dient, und schließt die ausziehbare Tür zum Frontbereich mit Schwung und ungeahnter Energie. Und ich weiß, ohne dass ich es hören kann, dass gleich die Tür des Kühlschranks aufgehen wird und dass jetzt seine Stunde des Tages beginnt mit einem Glas Rotwein, einem Roman aus meinem Bücherregal und einem Stück Käse und Brot.

Ich dagegen höre hinter dem Gatter noch die Schweinchen-Geschichten von Peppa Wutz zu Ende, gezwungenermaßen, weil ich zu bettschwer bin, um die Toniebox am anderen Ende der Matratze zu erreichen. Es sei denn, es bohrt sich beim Herumwälzen der Rüssel eines zweiten, herumfliegenden Plastikschweinchens in meine Rippen. Dann bin ich plötzlich wieder hellwach.

Genauso wie in jenen Nächten, in denen der Starkregen aufs Dach prasselt und ich, auf einem einsamen Stellplatz in knapp

2000 Metern Höhe, über Stunden die grellweiß erleuchteten Berge durch mein Heckfenster sehe und nur mal aus Interesse die Worte »Blitzschutz« und »Wohnmobil« auf dem Handy google.

Seit ein paar Touren aber hat unsere Tochter gelernt, allein einzuschlafen in der Koje. »Mama, vorne!«, bestimmt sie. Und manchmal akzeptiert sie sogar mein »Mama sitzt draußen«, und dann hat der Klappstuhl seinen Auftritt.

Gemocht hatte ich unsere schwarzen Ungetüme nie, doch hatte ich mich den Ansprüchen meines Mannes an eine Sitzgelegenheit gebeugt, die lauten: Funktionalität und Bequemlichkeit. Bei unserer letzten Sommertour aber kam mir plötzlich eine Erkenntnis: Ich hatte den Klappstuhl bisher zur falschen Tageszeit benutzt! Tagsüber beim Essen hatte er mich oft geärgert, nicht nur wegen seiner Hässlichkeit, sondern weil man ihn so schlecht verrücken kann, inklusive Kind.

An jenem Abend in Italien aber entdeckte ich mit einem Ruck die Liegestellung, sauste mit dem Oberkörper in die Horizontale und kam mir plötzlich vor wie beim Zahnarzt, nur dass über mir kein Sauger war, sondern das Universum. Ab und zu ein blinkender Punkt, der sich durch die Finsternis bewegte, ein Hundebellen in den Hügeln des Piemont, die Laute der Singzikaden – ich war im Klappstuhlhimmel.

Doch der Stuhl wurde nicht nur mein Freund in Sommernächten. Er war, bemerkte ich, auch wie dazu geschaffen, neue Freunde zu gewinnen. Einfach zuklappen, unter den Arm klemmen und wegtragen – zum nächsten Camper und zur nächsten Lichterkette, ein paar Meter weiter. So geschah es an jenem Seeufer, als sich der halbe Platz nach Sonnenuntergang gegenseitig besuchte.

Tagsüber war es so heiß gewesen, dass man sich abends, als die Dunkelheit einen wie ein kühles Laken umfing, gegenseitig die Geschichten der Hitze erzählte. Wie kaffeewarm das Duschgel in der Flasche gewesen sei. Dass man sich nach dem Duschen gar nicht mehr abtrocknen, sondern nass in die Kleider steigen würde. Dass man das tiefgefrorene Baguette nicht mehr in den Ofen stecken würde, weil es ohnehin in kürzester Zeit aufgetaut sei im ofenwarmen Wohnmobil, das gefühlt sogar die richtige Temperatur habe, um eine Entenbrust sanft zu garen. So wie uns.

Ob er eine Klimaanlage in seinem Wohnwagen habe, hatte ich unseren Nachbarn gefragt, einen älteren Herrn, der seit 28 Jahren auf diesen Platz kam. »Wenn ich eine Klimaanlage brauche, höre ich auf zu campen«, antwortete dieser und erläuterte mir sein Konzept. Er gehe nun zu einem »Kollegen«, einem anderen Stammgast, um noch ein Bier zu trinken. Dort, dort und dort kenne er Leute, sagte er, während sein Finger in verschiedene Himmelsrichtungen zeigte. Und danach werde er noch eine Stunde mit seiner Frau draußen vor dem Wagen sitzen, im Dunkeln, um »runterzukühlen« vor dem Schlafengehen.

Wir taten es ihm gleich. Mein Mann wanderte zu einem anderen Vater, in Hörweite zu unserer schlafenden Tochter, ich setzte mich zu einem netten Pärchen, auf eigenem Stuhl. Natürlich hatten die beiden mir auch ihren Klappstuhl angeboten, aber so konnte der Gastgeber auf seinem angestammten Platz sitzenbleiben, hatte er doch eine besondere Bindung an seinen Stuhl. Wo immer er sich niederlasse vor seinem Wohnmobil, erzählte er, fotografiere er im Sitzen seinen Klappstuhlblick, und wenn er sich zu Hause die Bilder ansähe, sei ihm alles wieder vor Augen.

Es war ein wunderbarer Sommerabend, Windlichter und Lampions überall und Menschen, die über das Campen und das Leben redeten, so wie wir drei.

Leider traf man sich am nächsten Morgen nicht mehr an vor unserer Abreise. So ist das manchmal auf dem Campingplatz: ein Abend, eine Begegnung und das Bedauern, keine Nummern ausgetauscht zu haben.

Als ich an jenem Abend zu unserem Wohnmobil zurückkehrte, fiel ich schnurstracks ins Bett. In dieser Nacht war kein einziges Rollo geschlossen, und so weiß ich leider nicht, wer mich durch das weit geöffnete Heckfenster schlafend sah – und wie viele es waren. Zumindest habe ich nicht geschnarcht, glaube ich. Oder doch?

Die Zahnbürstenbox

Die Box ist türkis und aus Plastik und der preiswerteste aller Lieblingsgegenstände an Bord. Und doch bedeutet sie mir viel. Denn sie verteidigt das letzte Stück Privatsphäre, das ich noch habe. Nachts schnauft mein Kind neben mir im Heckbett, tagsüber reicht es mir seine Rotzfahnen und ruft begeistert »Luftpüps!«, wenn ihm einer entfleucht ist.

Und gäbe es nicht die Box, würde sich die Mini-Camperin auch meine Zahnbürste schnappen und sich im besten Fall selbst die Zähne damit putzen. Oder dem Stoffhund. Oder sie würde ausprobieren, ob der Zahnbürstenkopf in ihr Nasenloch passt. Meine Creme hat sie schon, meine Limo auch, die Haarbürste sowieso.

Da auch mein Mann das Haar länger trägt, herrscht bei uns familieninternes Raubrittertum. Jeder klaut jedem das Haargummi, weshalb sich unser Schaltknüppel im Wohnmobil, an dem wir unsere Familien-Haargummis sammeln, stetig leert. Was mir die Box ist, ist meinem Mann das Klappfach über dem Fahrersitz, ein Ort, an dem er sein Heiligstes versteckt: Bedienungsanleitungen, Batterien für die Fernbedienung, ein Schraubenzieher. Wichtig ist, dass am Ende eines Tages alle verräumt sind, die Menschen in ihrer Schuhschachtel und die Zahnbürste in ihrer Box.

DAS CAMPINGWUNDERKIND –
Unsere Geschichte

Unsere Tochter hat einen Führerschein. Er ist orange, handlich und mit einem Passfoto beklebt, von außen durch eine zugeschnittene Klarsichtfolie geschützt. Und er berechtigt unsere Tochter zum Fahren von Bobbycar, Laufrad und Fahrrad. So zeigen es die Piktogramme am unteren Rand. Mein Mann hat ihn gebastelt.

Denn unsere Tochter liebt es, beim Kurven um den Esstisch von einem Polizisten namens Papa angehalten zu werden und den Führerschein vorzuzeigen. Sie ist, das kann man ohne Übertreibung sagen, ein Mädchen, das nicht nur im Wohnmobil, sondern auch zu Hause mobil wohnt.

Sie ist unser Campingwunderkind. Ein Kind, das es nicht gegeben hätte, hätten wir vor neun Jahren auf die Ärzte gehört. Nein, nicht auf DIE Ärzte, auf manche von ihnen. Und zur Wahrheit gehört, dass ich jeden dieser Ärzte angefleht hatte um seine Meinung, weil ich selbst nicht wusste, was ich denken und was ich fühlen sollte in dieser Schwangerschaft, die zur schlimmsten Zeit meines Lebens wurde.

Der Weg, den unsere Tochter vom Embryo bis zur Mini-Camperin zurückgelegt hat, lässt sich ablesen an den Schneckchen,

die sie begleiten. Schneckchen, das sind diese wattierten Stoff-
schlangen mit Fühlern und Gesicht, die man heute gern den
Babys ins Bett legt, damit sie sich geborgen fühlen und geschützt. In der Straße, in der ich damals wohnte, gab es einen
Kinderladen, der sie verkaufte. Oft hatte ich zu der Zeit, als ich
mir nichts mehr wünschte, als endlich schwanger zu werden,
in das Schaufenster geschaut.

Dann kam die erste Diagnose: Trisomie 21, nach einem Blut-
test, in der 13. Schwangerschaftswoche. Und die Not, die nach
dem Satz der Ärztin folgte:»Ich habe leider kein komplett un-
auffälliges Ergebnis für Sie«, war größer als alles, was ich mir
hätte vorstellen können. Damals quälten mich Fragen, die heute
unvorstellbar sind, zum Beispiel: Werde ich mein behindertes
Kind lieben können?

Viel später sagte mir einer der tollen Ärzte und Ärztinnen,
die wir in dieser Zeit auch kennenlernten:»Uns war immer
klar, dass Sie Ihr Kind behalten wollen. Aber Sie hatten es selbst
für sich nicht klargekriegt.« Und ich glaube, das stimmt. Meine
Entscheidung fand lange keine klare Sprache. Sie lag in meinem
Handeln – vor allem aber in meinem Nicht-Handeln.

Ich ging nicht hin, nicht zum ersten Abbruchtermin und
auch nicht zum zweiten, als klar war, dass zum Downsyndrom
noch der schwere Herzfehler dazukam und der »Hydrozephalus«. Dass niemand den Grad der Behinderung würde voraus-
sagen können, weil die Ultraschallaufnahmen vom Kopf unserer Tochter Wasser zeigten, wo Gehirn sein sollte. Als klar war:
Sollte unsere Tochter auf die Welt kommen, würde ihr Leben
auf dieser Welt in Operationssälen beginnen. Als ich den Satz
eines Arztes hörte, der über unsere Tochter sprach wie über ein
misslungenes Deutsch-Diktat:»Das ganze Kind hat so viele
Fehler.«

Was ich tat: Ich gab meiner Tochter noch als Embryo einen Namen, und an einem Tag meiner Schwangerschaft, nach der ersten Diagnose, ging ich in den Kinderladen in meiner Straße und kaufte ihr ein Schneckchen. Bunt, die Fühler rosa mit weißen Punkten.

Es war das erste von drei Schneckchen, die unsere Tochter besitzt, und es liegt noch heute bei uns im Regal im Kinderzimmer, der Stoff zerschlissen, die Farben verblichen, an den Spitzen der Fühler quillt Schaumstoff heraus. Es findet sich auch auf Fotos wieder, die ich in das Erinnerungsalbum für das erste Lebensjahr klebte, um etwas zu tun, was normale Mütter tun, während bei uns nichts normal war nach der Geburt unserer Tochter mit 745 Gramm.

Wochen und Monate saßen wir bei unserer Tochter auf der Intensivstation, erst am Brutkasten, dann am Bettchen, sie mit Elektroden auf der Brust und Schläuchen am ganzen Körper und irgendwann auch mit ihrem Schneckchen.

Den ersten Fußabdruck ihres Lebens machte eine Krankenschwester auf der Frühchenstation kurz vor der ersten Kopfoperation, und als ich neulich in dem Album blätterte, entdeckte ich den Notizzettel mit dem roten Abdruck wieder und stellte fest: Das Füßchen unserer neugeborenen Tochter war kleiner als der Fuß ihrer Puppe heute.

In dem Album gab es auch eine Zeile, in der man »neue Laute« im dritten Monat eintragen konnte. »Fiep«, notierte ich. Und daraus wurde ihr Spitzname, den sie noch heute trägt: Fiepi. Drei Monate dauerte es auch, bis wir sie im Kinderwagen im Krankenhauspark spazieren fahren durften. An einem Tag im Frühsommer dokumentierte ich »die erste frische Luft« ihres Lebens.

Als sie drei Jahre alt war, verlagerten wir unser halbes Familienleben an die frische Luft und begannen zu campen. Und natürlich wanderte Schneckchen Zwei, eine Nummer größer als Schneckchen Eins, damals ins Wohnmobil. Alles dort sollte so gemütlich sein wie im Gitterbett im Kinderzimmer. »Womohause« war das Wort, das unsere Tochter für unser Fahrzeug erfand.

Damals sah man ihrem Körper noch die Zartheit an, wie sie vielen Frühchen in den ersten Jahren eigen ist. Die Leiter hinauf zu unserem Bettenlager im Wohnmobil war für sie ein unüberwindbares Hindernis. Mit dem Blick der Mütter, zu deren Leben es auf einmal gehört, Entwicklungsberichte von Pädagoginnen und Therapeutinnen entgegenzunehmen, verfasste ich im Geiste einen eigenen Camping-Entwicklungsbericht. Im Logbuch gab es die Rubrik »Fiepi on tour«.

Motorik: Hat gelernt, die Push-Lock-Druckknöpfe zu bedienen, um ihr Spielzeugfach zu öffnen. Klettert die Leiter zum Bettenlager vorwärts hinauf und rückwärts hinunter. Hangelt sich mit Hilfe aufs Hubbett, um bei Papa frühmorgens auf dem Handy Videos zu schauen.

Sprache: »Macht Gebärden, welche Lieder ich singen soll, zum Beispiel ›Häschen in der Grube‹.« (Eintrag von der ersten Dänemark-Tour). Über: »Logopädie im Urlaub: Pusteblumen pusten«. Bis zu: Formuliert ganze Sätze, sofern sie von Wichtigkeit sind: »Papa, bitte erst Pizza holen!« (Eintrag Wintercamping-Tour).

Und ich führte noch eine Sonderkategorie ein namens: Lebensweisheit und Witz. Auch diese Dialoge notierte ich in meinem Logbuch, so wie jene Szene, als wir schon im Bett lagen und es unter unseren Matratzen in der Heckgarage ordentlich rumpelte.

Sie: »Oh. Räusch. Papa!«

Ich: »Ja. Papa holt sich noch was zu trinken. Bier – oder Wasser.«

Sie: »Nee. Bier!«

Noch heute gibt es diese Momente, in denen es mich plötzlich packt, in denen mir unsere Geschichte mit einem Mal wieder vor Augen steht. Ich erinnere mich noch, wie ich mit unserer Tochter in der Bretagne vom Stellplatz aufbrach und einen Bergkamm hinaufkletterte und sich dahinter der Atlantik auftat, so weit und wild und unbändig wie mein Gefühl von Dankbarkeit und Freude.

Es war das erste Mal, dass wir nicht in Kliniknähe nahe der deutschen Grenze Urlaub machten, und vor uns lag eine golden schimmernde, einsame Sandbucht, umrahmt von Klippen, so schön, dass unsere Tochter allein losrannte, hingerissen von der Aussicht auf einen riesigen Sandkasten, und wir uns auf dem Weg durch die Dünen in eine Sandkuhle warfen, überwältigt von dem Gefühl, am Leben zu sein.

Oder dieser Moment, als wir bei einer Wohnmobiltour in die Vogesen zufällig bei einer kleinen Kirche auf einem Berggipfel landeten und unsere Tochter, die oft so laut und quirlig ist, plötzlich andächtig wurde, als sie die flackernden Kerzen sah und das Gewölbe und die bunten Fenster. Sie setzte sich auf eine der Holzbänke und fing an zu singen, ihr Lieblingslied: Stille Nacht, heilige Nacht, so wie sie es im Musikvideo mit den anderen Kindern gesehen hatte auf der Weihnachts-DVD.

Lauthals sang sie an diesem Sommertag im Dunkel der Kirche, und zum Glück sah sie nicht, wie ich mich abwandte, weil mir die Tränen in die Augen stiegen. Denn in solchen Momenten ist sie wieder da, die Erinnerung an mein traurigstes Weihnachten, als der zweite Abbruchtermin unmittelbar bevorstand, vereinbart für den 27. Dezember. Und ich weiß, dass man sich in dieser Situation, mit diesen Diagnosen, auch anders hätte entscheiden können, und auch das wäre eine Entscheidung aus Liebe gewesen. Und ich weiß, dass es auch bei uns alles hätte anders ausgehen können.

Aber das Mädchen, das ich geboren hatte, dieses Mädchen saß nun ein paar Jahre später auf der Kirchenbank und trug ein T-Shirt mit dem Bild eines Wohnmobils und dem Aufdruck: »Life rocks when your home rolls«.

Und als wir alle drei gemeinsam eine Kerze anzündeten vor dem Altar und ich ihr erklärte, man dürfe sich etwas wünschen, da antwortete unser Campingwunderkind schnell und hoffnungsvoll: »Peppa Wutz?« Und freute sich auf eine neue Folge mit dem kleinen Zeichentrick-Schweinchen.

In dem Urlaub, als wir zum ersten Mal Weihnachten im Wohnmobil feierten, stand ein paar Plätze weiter ein älteres Paar, das uns stets anlächelte, wenn wir mit dem Schlitten an ihm vorbeizogen. »Ihr seid 'ne tolle Familie«, sagte die Camperin eines Nachmittags, als wir vom Skifahren kamen, und bot uns eine Waffel mit Schokoladencreme an.

Die Waffel schmeckte herrlich, frisch gebacken, draußen knusprig und innen fluffig, und während ich mich noch über das Kompliment freute und in der einen Hand einen zerkauten Klumpen Restwaffel hielt, den unsere Tochter wieder ausgespuckt hatte, während ich also versunken dastand, fügte die Frau den Satz hinzu: »Mein Mann sagt immer: Wenn es einen lieben Gott gäbe, gäb's so etwas nicht«, und nickte in Richtung unserer Tochter, die durch den Schnee davonstapfte.

Was sie genau meinte, war mir nicht klar. Vermutlich etwas

in Richtung furchtbarer Schicksalsschlag. Was ich aber sofort spürte, zwischen zwei Bissen in eine Nutella-Waffel, war die Botschafterinnen-Rolle, die mir heute als Mutter eines Kindes mit Behinderung zu eigen ist – auch wenn ich nicht vergessen habe, was ich damals dachte und fühlte als schwangere Frau.

»Sie lebt gern«, antwortete ich.

DAS LOGBUCH –
Die schönsten Abwesenheitsnotizen der Welt

Was mir im Leben fehlt, ist ein Stift. Solange ich denken kann, suche ich einen – also einen, der schreibt. Was insofern heikel ist, da ich ohne Stift meinen Beruf nicht ausüben kann. Und Campen ist ja neuerdings nicht Urlaub, sondern Recherche. Auch so eine Sache, die ich mir selbst eingebrockt habe, neben dem Wohnmobil.

Das Logbuch begleitet mich seit unserer ersten Tour, doch es hat sich im Laufe der Jahre verändert, so wie wir.

Anfangs sah ich es als eine Art Verzeichnis und mich als Kopf einer Jury. Mit ernstem Gesicht krakelte ich mit Kuli Sterne auf Papier, oft gerieten mir die Zacken schief. Minutenlang brütete ich über der Frage, ob ein Campingplatz wirklich vier Sterne verdient habe in der Gesamtschau von Sanitäranlagen und Panoramablick oder nur drei.

Zugleich wurde es zum stummen Zeugen. Hier notierte ich Beobachtungen und Stimmungen, kleine und große Katastrophen. »Erfahrungen nach der ersten Nacht«, lautet eine Überschrift aus dem ersten Logbuch von unserer ersten Tour an die Mosel. Darunter die Punkte: »Die große Frage: Helligkeit oder

Luft?«, »prophezeite Lebensdauer des Papierrollos: 7 Nächte«, »Wir brauchen: Kleenexbox in der Nähe des Autositzes, Müllbeutel überall, eine Schmutzwäsche-Lösung«.

Außerdem, fügte ich nach der zweiten Nacht hinzu: »drei neue Stillkissen, eines für den Vater, zwei als Umrandung fürs Kind«. Denn seit der Geburt unserer Tochter ist mein Mann auf den Geschmack von Stillkissen gekommen. Er nennt sie allerdings »Seitenschläferkissen« oder »Orthopädiekissen«.

Auch einen Dialog dokumentierte ich, der aus heutiger Sicht vielleicht seltsam wirkt. Es war unser erster Versuch, mit dem Wohnmobil in einem Gartenlokal einzukehren, aber natürlich stellte sich schon damals die Parkplatzfrage in enger Gasse. Ich lehnte mich also mitten in dem kleinen Moselstädtchen zum Fenster hinaus und fragte ein vorbeilaufendes Ehepaar: »Wissen Sie, wo man hier parken kann? Wo haben Sie denn Ihren Camper geparkt?«

Er: »Wir haben gar keinen Camper.«

Ich: »Sie Armen!«

Das war natürlich unsensibel. Vermutlich war es der Überschwang der Gefühle, der mich zu diesem Ausspruch verleitete. Immerhin hatte ich gerade Unsummen an Erspartem ausgegeben, um meinem Leben neuen Sinn zu geben. Auch wenn sich die Realität recht banal liest: »Erste gelernte Regel: Einmal-Handschuhe für Chemietoilette«.

Ich denke, es war alles ein bisschen viel. Euphorie und Ekel, Entzücken und Zweifel, und so war das Ende der Tour – laut Logbuch – nur konsequent: »Mama trinkt Moselwein und schläft auf der Rückfahrt ein, Fiepi auch, der tapfere Fahrzeughalter fährt.«

Bei der ersten großen Sommertour war ich noch akribisch in

formalen Dingen. So notierte ich stets das Datum meines Eintrags, als befände ich mich auf einer Expedition, deren Ausgang ungewiss wäre, für die Nachwelt aber in jedem Fall von Interesse.

25. Juli
»Wecker: 3 Hähne, 1 Kettcar, 1 Fiepi«, »Fiepi antwortet dem Navi. Navi: Route neu berechnen? Fiepi: Ja!«
»Lob vom alten Camper: Ich sei ein echtes Camper-Mauso geworden, Hausschuhe im Fußraum, Füße auf der Ablage, Cap auf dem Kopf.«

26. Juli
»Temperatur 35 Grad, die x-te Nacht 4 Stunden Schlaf, Camper zu verkaufen, Verhandlungsbasis … Laune: Tiefpunkt, dazu nervige Freilandhühner am Platz. Frage: War alles ein Riesenfehler? Abfahrt schweißüberströmt.«

Trotzdem lautete das Gesamturteil für die »große Beachhopping-Tour nach Dänemark« am Ende: viereinhalb Sterne.

Irgendwann ließ ich die Sternenmalerei und widmete mich nur noch dem Tagebuchschreiben in Teilzeit, und so entstanden für mich die kostbarsten Abwesenheitsnotizen der Welt. Noch heute blättere ich gern in den alten Büchern mit dem buntgemusterten Einband. »Papa die Nase von innen mit Sonnencreme einschmieren« notierte ich als Lieblingsbeschäftigung unserer Tochter, die damals drei Jahre alt war. Oder »spielt nackig Fußball, nur mit Windel, gute Ballführung«. Aber auch: »Schockmoment: Kriecht unter dem Camper durch, taucht hinter dem Batteriefach wieder auf.«

Was mir aufgefallen ist: Fragt man Mütter, wie lange sie schon campen oder auf einen bestimmten Platz fahren, schauen sie angestrengt in die Luft. Die Antwort beginnt immer mit Sätzen wie: Also, unsere Tochter/unser Sohn war noch nicht einmal zwei/drei Jahre alt, als wir ... Es ist die Zeitrechnung des Familiencampings. Und schon an der Packliste lässt sich ablesen, wie die Jahre vergehen. Ein Hochstuhl, ein Outdoor-Laufstall, eine Kinderkraxe, ein Buggy, all das füllte anfangs unsere Heckgarage. Heute sind es das SUP und eine Kinder-Schwimmweste.

Das Logbuch dokumentiert, wie wir alle an unseren Herausforderungen wuchsen (»Keil im Morast kaputt gefahren ... bei Regenwetter Festigkeit des Bodens prüfen«), und viele der Premieren unserer Tochter fanden auf Wohnmobiltouren statt. In Dänemark war es das »erste Mal auf dem Hüpfkissen«, auf einem Ferienhof das erste »echte Kikeriki« – »Das Bilderbuch wird Wirklichkeit.«

Es folgten: das erste Mal Müll wegbringen, allein auf dem Board paddeln, den Skihügel hinunterrutschen und das erste große Feuer, meterhoch, dessen Hitze die Wangen zum Glühen und die Augen zum Leuchten brachte, entzündet auf einem Campingplatz am Schweizer Nationalfeiertag.

Oft gehören die Momente, in denen ich die Zeit fand, Erlebtes niederzuschreiben, zu den besonders friedvollen. Natürlich ist dieser Frieden anders beschaffen als beispielsweise der jener Stellplatznachbarin, die die Regenstunden nutzte, um bei offener Schiebetür in ihrem Bus zu schreiben, ein Getränk zur Seite, die Füße auf einem Teppich gebettet, der auf echten Eichendielen lag. Es war wie eine Szene aus einem alten Film: die reisende Poetin, unterwegs mit ihrem Notizbuch und einem antiken hellgrauen Koffer, der auf dem Dach des liebevoll restaurierten VW-Buses festgeschnallt war, imprägniert mit Schiffslack.

Zwar habe auch ich diese seltenen halben Stunden, in denen ich allein irgendwo auf einem Felsen sitze, das Logbuch auf den Knien, und die Fischer beim Hinausfahren aufs Meer beobachte.

Meist aber bin ich nur im Geiste abwesend. Dann ist mein Platz auf dem gedrehten Fahrersitz, unsere Tochter schaut ein Kindervideo auf dem Fernseher, und ich versuche, »Benjamin Blümchen« auszublenden, so lange, bis mich das Tööörööö unserer Tochter, die lauter trompetet als der Elefant, hochfahren lässt.

So sehr sind die Kinderfilmfiguren in mein Bewusstsein eingedrungen, dass sie sogar im Logbuch wieder auftauchen: »Das neue Jahr beginnt mit einer Überraschung: Wir entdecken im alten Schloss einen Wehrgang … tappen ins Dunkel. Was mir durch den Kopf schießt: Das ist ja wie im Geheimgang von Benjamin Blümchen.«

Ich muss zugeben, manchmal fällt es mir schwer, in der Gegenwart zu leben. Was vielleicht auch daran liegt, dass die Gegenwart allzu oft an meinen Nerven zerrt. Tööörööö! Doch auf jeder großen Tour gibt es dieses Gefühl, innerlich zu jubeln, und das Gnädigste ist das menschliche Gedächtnis, das sich aus einzelnen Versatzstücken eine Ode an die Freude komponiert und die Ödnis der vielen Parkplätze einfach vergisst.

Das Logbuch ist mein Gehilfe, weil es die besonderen Momente festhält und wie auf einer Perlenschnur aufreiht: dieses Gefühl, auf einer Küstenstraße am äußersten Zipfel der Bretagne zu fahren, zur Linken der aufgepeitschte Ozean, gefolgt von einer Orkannacht auf dem Stellplatz, als der Sturm an unserem Wohnmobil rüttelte und es schüttelte und ich im Morgengrauen meinen Mann weckte, weil ich Sorge hatte, der Wind könnte die Fahrräder vom Heckträger wehen. Kurz darauf dieser bretonische Südseestrand bei strahlender Sonne, als ein Muschelsammler unserer Tochter seine schönsten Beutestücke schenkte: zwei Muschelschalen, handtellergroß, überzogen mit Perlmutt.

Es sind – das merke ich immer wieder, wenn ich in den Logbüchern lese – vor allem die Menschen, die die Erinnerungen an bestimmte Orte färben. »Fiepi adoptiert Campingnachbarn als Ersatz-Großeltern«, notierte ich an jenem Stellplatz am Südseestrand. »Später begrüßen wir eine junge Frau mit Downsyndrom, wie Fiepi eine leidenschaftliche Camperin. Die beiden geben sich ein Küsschen.«

Selbst die Erinnerung an den Sardinen-Campingplatz in Norditalien ist nicht nur schlecht, was einzig an den netten Nachbarn lag, zu denen sich unsere Tochter ungebeten, aber willkommen an den Frühstückstisch setzte. Das erste Glas Apfelsaft nahm sie mit den Worten an: »Ja, gerne!« Das zweite auch.

Das Schöne ist: Auch wir, besser gesagt: unsere Tochter, tauchen in fremden Logbüchern auf. Das erzählte mir einmal eine freundliche Oma an einem Nordseestrand. Die Begegnung mit unserem Kind war für sie einen Eintrag wert.

Manchmal sind solche Begegnungen kurz, manchmal dauern sie bis zum Morgengrauen. Unvergessen der Abend, als wir uns von einem britischen Fallschirmjäger in karierter Schlafanzughose unter den Klapptisch trinken ließen. Als wir den Veteran und seine Frau an der französischen Küste trafen, waren sie schon seit Monaten durch Europa getingelt, stets begleitet von einer Flasche Scotch. Und so war es nur folgerichtig,

dass die Logbuch-Zitate des darauffolgenden Tages lauteten:
»Interesse an einer Tasse Kräutertee« (mein Mann), »I feel like
shit« (der Veteran).

Wir tranken und sprachen, vieles ging durcheinander an diesem Abend, die erzählten Lebenswendungen wie die Getränke,
und irgendwann gegen Mitternacht sagte der Veteran über
seine erwachsene Tochter: »Sie ist ein Alptraum, aber ich liebe
sie«, und seine Frau nippte und nickte und sagte: »Oh ja, sie IST
ein Alptraum.« Und auch ich nickte und nippte und dachte daran, was der liebenswerteste aller Alpträume, der ein paar Meter
weiter schnarchend in der Koje lag, dazu sagen würde: »Na ja,
klappt schon, Mama.«

Mit den Jahren wurden die Logbücher zur handschriftlichen
Grundlage für die Monster-Geschichten. »Es legt sich lähmen-
de Hitze über den Platz«, notierte ich in den Vogesen. »Der
Camper unter uns fächelt sich mit der rosa Fliegenklatsche Luft
zu. Aufgrund meiner Kurzsichtigkeit musste ich fragen, ob es
sich um einen Fächer oder um eine Klatsche handelt.« Daraufu-
hin empfahl mir mein Mann »die Anschaffung einer Dienst-
brille«.

Als die Deadline für die Manuskriptabgabe immer näher
rückte, ging ich sogar mit Laptop campen. Doch auch das hatte
nichts mit einem mobile office unter Palmen zu tun, wie ich es
in der Nähe von Saint-Tropez gesehen hatte bei einer Lang-
haarigen im Sommerkleid.

Ich schrieb auf der Rückfahrt eines Besuchs bei den Schwie-
gereltern. In Pulli und Leggings saß ich auf der Kante des Heckbetts. Die Beine, die mir zuvor im Schneidersitz eingeschlafen
waren, ließ ich die Leiter hinunterbaumeln, um sie zum Leben
zu erwecken. Den Laptop auf dem Schoß, den Blick abwech-

selnd auf das Display und den Innenraum des Wohnmobils gerichtet, tippte ich fieberhaft Wörter in den Computer, während ich mit halbem Auge meine Familie im Blick behielt. »Brauchen Topf«, hörte ich meine Tochter murmeln, die ihren Stofftieren Frühstück bereiten wollte. »Nicht in die Besteckschublade niesen!«, rief ich panisch zwischen zwei Sätzen.

Doch ich weiß, der Tag wird kommen, an dem ich den Laptop aus dem Wohnmobil verbanne und zu meinen Logbüchern zurückkehre. Sechs Stück habe ich mittlerweile gefüllt, und ich kann sagen, was sich in all den Jahren bewährt hat: die Platznummer des besten Eckchens zu notieren genauso wie die Orte zum Wiederkommen.

Und noch ein Ritual ist geblieben. Auf Rückfahrten liste ich die Top 5 eines Urlaubs auf für meinen Mann und mich. Und manchmal finde ich, wenn ich verzweifelt in der Ablage über meinem Kopf krame, einen Stift von einem Campingplatz, auf dem wir vor Jahren standen. Und dann bin ich dankbar, dass mir das Campen nicht nur Geschichten, sondern auch Stifte schenkt.

Die Bedienungsanleitung

Am Anfang, als wir das Monster bezogen und es um die Aufteilung der Klappfächer ging, hatte mein Mann das Fach neben der Tür, das streng genommen zu meiner Seite gehörte, mit einem dicken Handbuch belegt, der 240-seitigen Bedienungsanleitung für das Wohnmobil. »Die muss da drin bleiben«, hatte er mir eingeschärft.

Unzählige Male hat er seitdem mit wichtiger Miene darin geblättert, und es muss im dritten Camper-Jahr gewesen sein, dass er zum ersten Mal sagte: »Mittlerweile hab ich die Karre im Griff.« Der Stolz, der in dem Satz mitschwang, ließ mich an einen Philosophen denken, den ich kürzlich im Radio gehört hatte und der davon sprach, dass dem Menschen ein besonderer Wesenszug eigen sei, nämlich die Faszination für alles, was funktioniert. Das kann ich bestätigen.

Erst kürzlich hat mein Mann mir gestanden, dass er sogar mit der Bedienungsanleitung ins Bett gegangen ist in dieser stürmischen Anfangszeit, als das Wohnmobil so neu war wie seine Liebe. Getrieben vom Forscherdrang, klebte er spätnachts bunte Post-its auf die Stellen im Handbuch, die ihn besonders berührten. Das Thema Leitungsschutzschalter zum Beispiel oder die Positionierung der »Reinigungsöffnung am Abwassertank«. Die Faszination für all die Knöpfe, Leuchten, Schrauben und Bedienfelder, die das Auto zum Haus machen, ist auch nach all den Jahren geblieben. Ich dagegen finde schon die Wörter in der Bedienungsanleitung toll. »Rastnase« hatte ich noch nie gehört.

Und doch hat sich die Dreiecksbeziehung zwischen dem Handbuch, dem Wohnmobil und meinem Mann verändert. Von einem »reinen Abhängigkeitsverhältnis« zwischen der Anleitung und ihm, wie er selbst bekannte, zu einer gewissen Dankbarkeit für ihre Mittlerrolle. Schließlich ist es ihm dank ihrer Hilfe gelungen, einen tiefen Zugang zu unserem Wohnmobil zu finden. Manche würden sogar von einer Zähmung oder Unterwerfung des Monsters sprechen. Ich würde sagen: Die Liebe ist gereift. Man kennt die Schwachstellen genauso wie die Knöpfe, die man drücken muss, damit alles läuft. Oder rollt.

DIE TIPPS –
Der Putzerfisch rät.

»Hast du noch eine praktische Frage an mich?« So endete das Interview mit meinem Mann auf der A9. Und ich merkte: Er ist noch nicht fertig. Ich habe das Tonband also wieder angestellt. Für ein zweites Beziehungsgespräch. Dieses Mal sind wir auf einer Landstraße, rechts von uns der Rhein, und es geht um eine andere Beziehung: mein Mann und das Wohnmobil. Sie erinnern sich: Wäre er ein Tier geworden, wäre er ein Putzerfisch. Hat er selbst gesagt. Sein Aquarium ist unser Monster. Die Frage wäre also: Gibt es etwas, das er weitergeben möchte? Einen Ratschlag, eine Botschaft, wie das Verhältnis zum Fahrzeug intakt bleibt, genauso wie das Fahrzeug selbst?

»Das Geschirr von einer Mahlzeit mitzuführen, weil man nicht immer gleich abspülen kann, das ist okay. Nach der zweiten fange ich an, das schmutzige Geschirr zu schachteln und in der Schüssel neu zu drapieren, und dann fängt es an mich zu nerven. So sehr zu nerven, dass ich lieber zu spät losfahren oder bei Sonne abspülen würde. Ich wäre es dann einfach gern los.

Denn es lässt sich gar nicht so einrichten, dass das Geschirr nicht doch scheppert oder umfällt, und es fängt auch an zu stinken, und vor allem stört mich, dass man nie Platz hat. Nirgends kann man etwas hinstellen, weil die ganze Dusche voll ist mit Geschirr. Dann hebt man die Schüssel raus und stellt sie aufs Klo, weil plötzlich doch jemand duschen muss, und dann muss sie dort auch wieder weg. Da versuche ich dann, mich zusammenzureißen. Ich weiß, du findest es einen super Tipp, das Stillkissen um den Geschirrkorb im Bett zu legen. Damit alles stabil ist während der Fahrt. Trotzdem muss man irgendwann spülen.

Mein Rat wäre also, dass man am Ball bleibt und die andere Schüssel nicht auch noch voll wird. Genauso ist es mit der Wäschemenge. Auch da muss man am Ball bleiben.«

»Aber du nimmst einfach viel zu wenig Kleidung mit.«

»Nee.«

»Doch.«

»Das reicht schon.«

»Nee, das reicht nicht. Das Absurde ist, dass du es sogar mithast, aber dann nicht anziehst, weil du keine Wäsche produzieren willst. Das ist echt irre.«

»Ja, aber es geht. Ich habe bisher ohne Krankheiten ...«

»Das geht nur, weil wir jetzt schon länger verheiratet sind.«

»Also gut, zu was kann ich noch raten ...?«

»Du kannst noch einmal von deinen Noppen erzählen.«

»Genau, also ich habe immer Extra-Gumminoppen dabei. Es gibt ja diese Noppen an allen Klappen im Innenraum, damit nichts klappert. Aber mit der Zeit werden die immer flacher und damit wirkungslos, oder sie waren ohnehin an der falschen Stelle angebracht, oder sie fallen runter, weil der Kleber sich löst. Es gibt die unterschiedlichsten Gründe, warum man sagt: Da klappert's.

Und ich finde einfach, im Wohnmobil sollte möglichst wenig klappern. Klappern heißt ja, dass irgendetwas aneinanderschlägt, und eine permanente Wackelbewegung ist nie gut. Wenn es einmal wackelt, wackelt's immer mehr. Das geht nicht mehr in die richtige Richtung zurück. Deshalb habe ich durchsichtige Gumminoppen gekauft, in verschiedenen Größen. Meine Noppen sind viel höher und insgesamt besseres Material. Ich genieße es, wenn etwas einfach zu ist.

In meinem Werkzeugkasten nehme ich nur die kleine Ausrüstung mit. Man überlegt sich vorher: Wo würde man überhaupt eingreifen? Zwei-Komponenten-Kleber, Gummihammer, Inbusschlüssel fürs Fahrrad, Kabelbinder, eine Ladung Maulschlüssel, das habe ich immer dabei. Und seit neuestem auch eine Schraubzwinge, wenn wirklich mal etwas bricht und ich etwas leimen müsste. Und eine Ersatz-Wasserpumpe. Denn wenn die Pumpe kaputt ist, hast du schlagartig ein Problem: keine Klospülung, kein Wasser. Die Pumpe einzubauen, ist total easy.

Und natürlich habe ich auch meine Leine dabei, vom Schiffsausrüster. Damit habe ich den Knoblauch aufgehängt und die Wäschespinne repariert, und auch als Wäscheleine nehmen wir die immer. Und wenn es windig ist, mache ich eine Schlaufe zwischen Seitenspiegel und Türgriff, damit die Tür nicht zuschlagen kann.

Du kannst den Werkzeugkoffer auch Bastelkiste nennen. Mir ist bewusst, dass es sich dabei um Kleinkram handelt. Aber kosmetische Mängel will man selbst beheben können, ohne dass man irgendwo hinfahren muss. Wobei ich nicht ohne Stolz repariere, weil ich weiß: Wenn ich etwas machen lasse, kostet es gleich 100 Euro. Auch beim Waschen und Fetten ist das so. Fürs Fetten habe ich den Hirschtalgstift.«

»Den Lippenstift des Wohnmobils ...«

»Den kann man im Netz oder in der Apotheke kaufen. Das war ein Tipp von unserem Einweiser damals: die Dichtungen von Zeit zu Zeit fetten! Damit sie geschmeidig bleiben und nicht spröde werden oder reißen. Man hat immer das Gefühl, so etwas macht man selbst besser und mit mehr Ruhe als jemand in der Werkstatt. Ein einziges Mal haben wir das Auto waschen lassen, weil ich mir unsicher war, ob ich das auf dem Dach hinkriege. 80 Euro! Und hinterher habe ich gesagt: Oh, da ist ja noch Fliegendreck! Die ganzen Insektenflecken, alle noch da. Da war ich doch enttäuscht.

Mindestens einmal, besser zweimal im Jahr und – wenn man am Meer war – auch noch ein drittes Mal, sollte man den Wagen abwaschen, damit das Salz runterkommt und nicht diese dunklen Stellen entstehen durch Blattreste oder eben Insekten.«

»Du freust dich ja immer, wenn Starkregen ist auf der Rückfahrt.«

»Ja, das Salz muss weg. Deswegen mache ich auch unsere Felgen sauber mit einem alten Schwamm. Und wir haben eine Waschbürste, die man auf gut zwei Meter ausziehen kann. Die nehme ich mit zur Waschanlage, zusammen mit der Leiter. Da kann ich auch auf dem Dach jeden Winkel erreichen. Über der Windschutzscheibe sammeln sich die Insektenkadaver. Die kann man lange wegribbeln, aber der Profi nimmt Insekten-Entferner. Ein paar Minuten einweichen lassen, und danach wird's weggebürstet.

Noch ein Vorteil, wenn man's selber macht: Ich weiß genau, wo Wasser reinkommt in der Waschanlage – beim Duschfenster und bei den Zwangsbelüftungen. Wenn man die blöd anstrahlt, läuft's rein, ist ja klar. Aber Wasser im Innenraum muss sofort weg, sonst läuft es in die Fugen, und das Sperrholz quillt.

Wenn das ganze Auto sauber ist, wird es noch einmal einshampooniert mit einem Pflegemittel. Das hinterlässt eine Schutzschicht. Vergleicht man das mit den verfilzten Haaren der Mitfahrerinnen, würde man sagen: Man nimmt eine Gliss-Kur, damit die Haare schön gleiten, und ich bilde mir halt ein, dass ein Ast, der auf dem Lack entlangschleift, dann besser rutscht.

Klar könnte einem das wurscht sein mit den Kratzern, aber irgendwie finde ich es immer schade. Manchmal geht es nicht anders, dann steckst du in einer Einfahrt und musst durch die Hecke, und dann hast du den Kratzer. Aber es ist auch schon mal die Tür von der Heckgarage an den Klappstuhl geknallt.«

»*Ach ja. Da war ich ja schuld.*«

»Da ist jetzt der Lack ab und das Aluminium zu sehen, und das gehört einfach gemacht. Ich besorge da einen Lackstift und mach das dann.«

»*Ich hatte den Stuhl halt in den Schatten gestellt. Das waren ja 36 Grad auf dem Platz.*«

»Ich weiß genau, wo ich die Stühle und den Tisch hinstelle, weil ich ja permanent die Türen öffne. Deswegen parke ich auch so ungern nah an der Hecke: Ich will ja nicht immer die Tür halten müssen, um dann mit einer Hand in der Heckgarage rumzufuchteln. Die Türen müssen ganz aufgehen, damit man mit beiden Händen herumfuhrwerken kann.

Was mir auch Freude macht, ist den Wagen vor der Tour herzurichten.«

»Zu Beginn unserer Sommertour hast du wörtlich gesagt: Ich habe mir einen Traum erfüllt: Ich habe den Ventilator sauber gemacht.«

»Ja, auf dem Ventilator, dieser Dunstabzugshaube über der Küche, war eine zwei bis drei Millimeter dicke Staubschicht, und das Fliegennetz war zugesetzt mit Staub. Ich habe das ganze Ding freigelegt und abgesaugt, und seitdem geht wieder Luft rein und raus. Da freue ich mich tatsächlich.

Ich will, dass alles funktioniert. So bin ich schon immer gewesen. Früher hatte ich mal einen nicht funktionierenden Zigarettenanzünder in meinem alten Benz. Den habe ich reparieren lassen, auch wenn ich gar nicht rauche. Mich interessiert auch immer, warum etwas nicht funktioniert, und ich würde es mir dann gerne in der Werkstatt anschauen, damit ich es das nächste Mal selbst reparieren kann.

Auf einem Campingplatz habe ich mal einen gesprochen, der sich gerade wieder ein neues Wohnmobil gekauft hatte, schon das zweite innerhalb kürzester Zeit. Trotzdem hat er gesagt: Ach, der Wagen hat auch 'ne Macke, da wische ich einmal durch, und dann verkaufe ich den wieder. So bin ich nicht. Wenn ich etwas kaufe, dann pflege ich das bis zum letzten Tag.

Dieses Aufräumen und Einrichten gibt mir auch eine gewisse Ruhe. Ich habe das Gefühl, etwas Sinnvolles geschafft zu haben, und ich mag die Gewissheit, dass alles an seinem Platz ist. Vor dem Losfahren prüfe ich zum Beispiel, ob das Gas reicht. Im Winter brauchen wir alle zwei, drei Tage eine Elf-Kilo-Flasche, wenn man tagsüber die Temperatur halten muss, etwa auf 20 Grad. Wir sind ja mit Fiepi auch viel drinnen. Im Sommer reicht eine Flasche für die ganze Saison, also ohne Heizen, nur fürs Kochen, Backen und den Kühlschrank. Dann schaue ich, ob das Womo sauber genug ist, und wenn da schon ein kleiner Staubflaum im Cockpit ist, wische ich den erst einmal weg mit meinem Mikrofasertuch.«

»Du bist Mikrofaser. Ich bin Küchenrolle.«

»In jedem Fall hat unser Einweiser immer zu großer Reinlichkeit geraten. Das fängt schon damit an, dass ich vor dem Duschen immer erst mal die Duschwanne aussauge. Wenn man den Holzrost weghebt, sieht man, dass sich dort Staubflocken, Flusen und Haare gesammelt haben und manchmal sogar Taschentuchfetzen, die durch die Ritzen gefallen sind. All das zu beseitigen heißt: Es landet schon einmal nicht in diesem engen Röhrchen, unserem Ablauf. Das finde ich wichtig.

Nach dem Duschen muss die Kabine trockengerieben werden. Klar könnte man die Dusche auch einfach so trocknen lassen. Aber dann bleibt die Feuchtigkeit länger drinnen, und man hat eine größere Wahrscheinlichkeit, dass doch mal etwas schimmelt, zum Beispiel hinter der Duschschiebetür. Das sind zwei nasse Flächen, dazwischen ist es schön warm, also, Schimmel ist ein Thema, und auch die Kalkflecken werden immer mehr, und es wird alles immer grauer, sieht immer benutzter aus. Insofern finde ich es top, dass wir da alle am selben Strang ziehen.«

»Man hat ja schon keine Lust mehr zu duschen. Weil das alles so umständlich ist. Man ist gerade raus aus der Dusche, dann geht man schon wieder rein in die Dusche. Man möchte sich eigentlich anziehen, vielleicht eincremen, aber man geht wieder rein in die Dusche, macht diese bewegliche Duschwand wieder zu, um auch an die Flächen zu kommen, die sonst durch die Schiebetür verdeckt sind.«

»Das ist auch notwendig.«

»So. Und dann muss man sich bücken.«

»Dann wird der Boden sauber gemacht und die Siebeinsätze vom Abfluss rausgenommen, die Haare rausgezupft und die Siebchen wieder in die richtige Position gedrückt. Das ist auch so ein Tipp: Die Leitungen immer mit viel Wasser durchspülen, wenn man Seife benutzt hat. Auch beim Waschbecken.

Es gibt viele kleine Kniffe, damit man keinen Ärger hat. Ich vermeide es zum Beispiel auch, das Stromkabel über die Fahrspur der anderen zu legen. Du findest das vielleicht übertrieben, aber wenn man das Kabel so legt, dass der zwanzigste Liner darüberfahren muss, dann ist es halt irgendwann durch. Denn da sind immer mal Steinchen unterm Kabel, die sich dann reinbohren. Uns wurde schon ein Kabel kaputtgefahren auf die Art und Weise. Deswegen nehme ich lieber den größeren Weg in Kauf, oder ich ziehe das Kabel erst am nächsten Morgen schnell für den Kaffee.

Was man nicht vergessen darf, wenn man das Womo winterfest macht: Alle Wassertanks und Leitungen komplett entleeren, damit nichts beschädigt wird, wenn es Frost gibt. Und dabei auch an das Magnetventilchen bei der Toilette denken! Außerdem stelle ich zwei Luftentfeuchter mit Granulat auf. Die ziehen das Wasser aus dem Womo. Also: Flüssigkeiten raus, Lebensmittel raus, Textilien raus, Klappen öffnen, Polster und Matratzenteile aufstellen, Gasflasche zudrehen, und am Schluss machen wir noch das Lenkradschloss dran.

Die meisten Tipps habe ich von unserem Einweiser damals bekommen. Der hat auch gesagt: Holen Sie sich ein paar Brettchen zum Unterlegen für die Stützen! Damit die sich nicht in den weichen Boden bohren. Und ein paar Kisten für die Heckgarage! Wir haben durchsichtige Plastikboxen aus dem Baumarkt, übereinandergestapelt, mit Deckel. Eine für die Schuhe, eine für Kabel und Adapter, eine für die Putzmittel. Wenn da mal etwas ausläuft, geht es in die Kiste. Und es gibt ganz viele, die in unsere Heckgarage reingucken und sagen: Ah ja, das ist ja ordentlich gemacht! In einer Kiste haben wir den Wasserschlauch ...«

»*Da habe ich ja darauf bestanden, dass wir einen durchsichtigen nehmen, der lebensmittelecht ist. Und keinen Gartenschlauch.*«

»Ja, das wäre eine Empfehlung, dass man einen durchsichtigen nimmt, damit man auch sieht, wann der trüb wird. Auf jeden Fall braucht man seinen eigenen Schlauch. Auch wenn an manchen Wasserentnahmestellen einer hängt, würde ich den nie fürs Frischwasser nehmen. Denn manche spülen damit ihre Chemietoilette aus.

Und dann haben wir noch die Kiste mit Allerlei: Luftpumpe, Ersatzwäscheklammern, Ersatzheringe.«

»Die Heringe hast du dir ja in San Remo geholt. Und in Frankreich deinen Besen …«

»Ja. Das ist ein guter Besen. Ich hätte gar nicht gedacht, dass der so gut funktioniert. Der hat verschiedene Typen von Borsten, und man kann damit unsere Outdoorteppiche wirklich super sauber bürsten. Ich hatte den eigentlich mehr aus Spaß gekauft, weil ich dachte: Na, was fehlt denn noch zum Spießertum? Meistens schüttele ich die Teppiche ja aus. Aber mit dem Besen geht das tatsächlich gut. Da kannst du fegen wie zu Hause.

Steinchen sind ja auch so eine Art Feind. Die trägt man mit rein, wenn man die Schuhe erst im Auto auszieht. Selbst wenn man auf das Handtuch tritt. Das ist auch so ein Punkt: saugen oder fegen.«

»Da kriegen wir uns ja auch immer in die Haare.«

»Ja genau, natürlich sieht man schön, wie der Sauger so ein Steinchen wegzieht. Aber man hat dann nur einen kleinen Bereich abgesaugt. Der Stein ist dann weg, aber drum herum, der ganze feine Staub, die Haare …«

»Das geht alles da rein.«

»Nein, das geht nur dann rein, wenn man Zentimeter für Zentimeter absaugt.«

»Das mach ich.«

»Dann ist danach der Akku vom Sauger leer, und du hast immer noch nicht alles gemacht. Deswegen fege ich. Immer da, wo eine Kante ist, sauge ich, auch in die Fugen und in die Ritzen sauge ich. Aber auf den Flächen ist es besser, du fegst. Aber ich sag ja schon gar nichts mehr. Ich feg halt noch mal hinterher.«

»*Dann feg halt hinterher.*«

Pause

»*Darf man eigentlich verraten, dass du Ohrringe trägst? Ich erinnere mich noch an deinen Satz, als wir uns frisch kennengelernt hatten: ›So viele Ohrringe kann ich gar nicht tragen, wie ich Spießer bin.‹*«

»Genau, ich glaube, du hattest auch gerade eine extreme Schwäche von dir preisgegeben. Und ich wollte dann auch etwas ins Rennen werfen. Aber es stimmt schon: Ich habe immer versucht, etwas lockerer auszusehen, als ich bin.«

Pause

»*Weißt du, was mir gerade auffällt? Man lernt dich ja schon ein bisschen kennen, wenn man das so liest. Eigentlich bist du ja auch in Beziehungen so. Wenn du 'ne Beziehung hast, ist die lang, und du willst sie auch reparieren. Und sagst nicht: Ach, die hat 'ne Macke, nehme ich die nächste.*«

»Ja, schon. Ich bin ein bodenständiger und treuer Typ.«

»*Wahrscheinlich wollen dich jetzt alle heiraten und ein Kind von dir.*« Oder ein Wohnmobil.

Die Kröte

Treu an unserer Seite ist auch eine Luftmatratze. Eigentlich gehört sie unserer Tochter, dennoch bin ich es, die eine größere Bindung zur Kröte hat. Sie wiegt mich in den Wellen, sie schaukelt sanft. Ich bewege mich im Urlaubsmeer gerne träge, anders als mein Mann, der Delfin im Wasser und der Putzerfisch an Land.

Außerdem mag ich, wie sie guckt, die Schildkröte, die bei uns nur »Kröte« heißt. Diese riesigen, schwarzen Glubschaugen, dieser Krötenblick. Geht einem durch Mark und Bein. Ein bisschen wie der Camperblick.

»Ich krieg die Krise«, hörte ich eines Nachmittags am Strand. Eine Camperin schaute mich an wie unser Schwimmtier: durchdringend, mürrisch, vielsagend. Klar, die arme Frau war mit ihrer Familie aus dem Wasser zurückgekehrt, und dann saßen wir dort, neben ihrem Handtuch, recht nah. Eine unserer Sonnenschirmspitzen pikste fast in ihren Oberarm. Nicht schön. Aber es gab nun mal wenig Platz im Sand.

Manchmal aber ist das Gucken gar nicht bös gemeint. Der Camper guckt einfach gerne, auch ohne Grund. Wie schön also, dass er im Wohnmobil sogar hinten Augen hat. Natürlich dient die Rückfahrkamera vor allem der Verkehrssicherheit. Doch man kann sich mit ihr auch die Zeit vertreiben. Was passiert hinter mir im Stau? An der Autobahnraststätte? Auf der Fähre?

Manchmal ist es gar nicht Neugier, sondern Ermattung,

die einen starren lässt. Auch mein Mann und ich saßen schon so da, vor unserem Wohnmobil: nebeneinander, den Blick auf den Kastenwagen gegenüber gerichtet. Offenbar hatten wir uns unbewusst der Campingstuhl-Anordnung der Langverheirateten angenähert.

So ist das, wenn man Tag für Tag miteinander verbringt auf einer langen Tour. Die Aufmerksamkeit verlagert sich Richtung Außenwelt. Als der Besitzer des Kastenwagens auftauchte, fühlte sich mein Mann zu einer Erklärung bemüßigt, die nichts erklärte: »Wir tun nix. Wir schauen nur.«

Auf der anderen Seite stärkt Gucken die Gemeinschaft. Das findet auch unsere Tochter, wenn wir uns beide wie zwei alte Damen auf unsere Kopfkissen stützen und nebeneinander im Heckfenster hängen. »'mütlich«, sagt sie dann, ein wildes Klümpchen im Schlafsack, das sich die beste Sicht erkämpft. Den echten Camperblick muss sie jedoch noch lernen, ihr Blick ist noch zu unstet und zu freundlich. Vielleicht kann sie sich von der Kröte eine Scheibe abschneiden, beim nächsten Mal.

Denn die Kröte ist ein besonderer Passagier. Sie taucht auf, und sie taucht ab, je nachdem, ob mein Mann ihr die Luft ablässt oder nicht. Rechnen aber muss man immer mit ihr. Unvermittelt kann sie ihren giftgrünen Kopf durchs Seitenfenster strecken, und dann kümmert es sie nicht, ob unsere Tochter haut und schreit: »Hey, weg da!« Die Kröte bleibt. Auch wenn es unangenehm wird.

Das liegt in ihrer Natur. Sie schaut giftig, und manchmal giftet sie auch. Doch irgendwann ist die Luft raus. So zumindest ist es bei mir, wenn meine innere Kröte zum Vorschein kommt. Und wohnt nicht in jedem von uns eine kleine Kröte?

DIE GEMÜTSLAGE –
Die Kröte spricht.

Ich sitze im Bademantel auf einem Plastikstuhl und habe schlechte Laune. Ich tippe schlecht gelaunte Nachrichten und schicke sie in die Welt. »Sehr durchwachsene Tour«, schreibe ich einer Freundin. »Simse dir gerade vom Hallenbad aus. Hasse Hallenbäder, by the way.« Keine Antwort. Was soll man dazu auch sagen?

Zu Hause hatte ich auch schon schlechte Laune. Die Wettervorhersage für die holländische Küste war: 14 Grad und Regen. Jeden Tag. Und wir hatten ja nur drei Tage vor Ort. In den Tagen zuvor war Top-Wetter angesagt. »Mittwoch! Mittwoch schlägt das Wetter um! Genau, wenn wir ankommen!«, hatte ich gejault. Immer wieder.

Danach hatte mein Mann schlechte Laune. »Also, wenn's nur regnet«, sagte er, die Stimme tonlos. »Weißt du noch? In der Schweiz?«

Gott, ja, diese Pfützen, diese riesigen Pfützen, die sich zu Bächen vereinigt hatten, und wir gefangen im Fahrzeug. Freiwillig war ich mit dem Geschirrkorb geflüchtet. Hauptsache, raus aus dem Wohnmobil und rein ins schaumige, heiße Spülwasser, zumindest die Finger. Whirlpool für die Hände.

Die Gespräche werden auch komisch bei Regen. Ich: »Der

Cockerspaniel hat Durchfall.« Fünf Minuten später. »Jetzt wird er hochgetragen. Ins Dachzelt. Mit Durchfall.«

»Also, wenn's nur regnet ...« Wieder diese tonlose Stimme. Hatte mich auch aufgeregt, diese Mattheit. »Dann bleiben wir besser zu Hause.«

»Ich könnte jetzt gut in ein Wellnesshotel fahren!« Acht Worte, eine Bombe. So geht das! Da ist Stimmung im Raum. Kein einziges Mal hatte ich in den letzten Jahren das Wort »Hotel« in den Mund genommen. Aber ja, verdammt, eigentlich wollte ich auf eine Liege. In die Sauna. Wieder auf die Liege. Allein.

Und wenn schon nicht Wellness, dann wenigstens Wellen, Strand und Sturm. Deswegen waren wir doch aufgebrochen, und natürlich hatte ich gehofft, dass am Ende alles gut wird. So wie immer.

Eigentlich wäre es ja herrlich auf der Insel. Es gibt Sanddünen und einen Leuchtturm. Und wahrscheinlich auch Waffeln. Nur nicht für mich. Ich sitze hier fest, in diesem gefliesten Bau, und draußen ist noch nicht einmal Wind. Nur Nebel. Windmühlen im Nebel, bewegungslos. Ich am Beckenrand, regungslos. Wahrscheinlich habe ich wieder mein Krötengesicht.

Ich starre auf fremde Haare, die sich im Sieb sammeln. Sehe fremde Pickel am Bein. Dazu Wasser, das schäumt. Ob das normal ist? Wenn das Wasser wenigstens warm wäre. Ist es aber nicht. Ein Zwei-Stunden-Ticket haben wir gekauft, die letzte Schicht war noch frei: 17.30 bis 19.30 Uhr. Da haben alle Pickel schon gebadet.

Ich tippe wieder, dieses Mal an meine Mutter: »Ganze Tour durchwachsen, wetter- wie stimmungsmäßig. Sind gerade im Hallenbad, finde diese Orte furchtbar.« Hatte ich das nicht gerade schon geschrieben? Egal.

Da, mein Mann winkt aus der Ferne. Er sitzt im Whirlpool.

Da ist das Wasser wahrscheinlich lau. Schulter an Schulter sitzt er dort mit den anderen. Auch unsere Tochter ist dabei. Jetzt winkt er noch mal. Ich verziehe keine Miene. Vielleicht habe ich ihn ja nicht erkannt. Er weiß ja, dass ich kurzsichtig bin. Und schlecht gelaunt. Mein Gott, was bin ich schlecht gelaunt. Aber diese Menschen, die aus allem immer das Beste machen, gehen einem doch auch wahnsinnig auf die Nerven.

Und dann noch die Ratten. Ja, klar, vermutlich nur so ein Social-Media-Ding. Aber es soll sie hier geben, auf der Insel, massenhaft, und zutraulich sollen sie sein. Gar nicht menschenscheu. Sondern frech. Gesehen habe ich noch keine, aber das heißt ja nichts. Auf jeden Fall muss man vorsichtig sein. Mit den Essensresten und dem Müll auf dem Campingplatz.

Wahrscheinlich gibt's sowieso nichts zu essen. Weil keiner Lust hat zu kochen. Also ich bestimmt nicht. Gestern schon diese Fertignudeln, eingeweicht in Brühe. Von wegen Apfelkuchen backen im Wohnmobil. Wenn es regnet. Es regnet doch, aber wo ist der Kuchen? Die Äpfel haben schon Druckstellen. Außerdem muss man erst spülen. Beide Körbe voll.

Der Radarfilm hat mich auch hereingelegt. Immer wieder habe ich vorgespult, verschiedene Wettervorhersagen miteinander abgeglichen, heute, morgen, vormittags, nachmittags. »Um 11 Uhr kommt die Sonne raus!« »Morgen wird's besser!« »Zwischen 13 und 15 Uhr ist ein Zeitfenster!« Klar, dass mich keiner mehr ernst nimmt. Noch nicht einmal zugehört hat mir mein Mann. Aber ich höre ja auch oft weg.

Hunger habe ich. Ich glaube, wir haben noch Fertigmaultaschen dabei. Mit Brühe.

Mein Gott, bin ich schlecht gelaunt. Duschen müsste ich auch mal. Ungeduscht im Bademantel herumsitzen, was für ein Leben. Warum haben die anderen nur so viel Spaß?

Eine Stunde noch. Dann darf ich raus. Wenigstens keine Ratten hier.

PS: Habe mich im Wohnmobil unter der Bettdecke verkrochen, der eigenen. Am nächsten Morgen war ich wieder normal. Zum Glück. Nicht immer sind Amphibien ja liebenswert.

Die Bettdecke

Die eigene Matratze, die eigene Bettdecke, die eigene Bettwäsche im Urlaub – lange war dies nichts, was ich für erwähnenswert hielt. Neulich jedoch unterhielten wir uns darüber, mein Mann und ich, während einer langen Autobahnfahrt. Auslöser war ein Artikel über Bettwanzen in Großstädten. Und so sagte ich plötzlich Sätze, die mir selbst ungewohnt vorkamen. Dass ich seine Hotelscheu mittlerweile verstehen, sogar erste Anzeichen dieser Scheu bei mir selbst entdecken würde. Wie schön es doch sei, im Wohnmobil in einem Bett zu schlafen, in dem kein anderer gelegen hat.

Ein einziges Mal haben wir in der Zeit, seitdem wir Monster fahren, ein Ferienapartment gebucht. Nur für ein paar Tage und nur um in den Genuss der organisierten Kinderbetreuung zu kommen. Was damit endete, dass meine Tochter und ich auf dem Parkplatz des Ferienhofs schliefen. Denn in dem Apartment war es so heiß und stickig gewesen wie in einer Sauna, das Bett hatte gequietscht und geknarzt und war sogar davongerollt, sodass wir mitten in der Nacht ins Wohnmobil geflüchtet waren.

Natürlich, manchmal spüre ich ein unbestimmtes, wehmütiges Gefühl, ein gewisses Sehnen. Zum Beispiel in diesem holländischen Hafenstädtchen, durch das uns das Navi abends geführt hatte. Einladend hatten sie ausgesehen, diese warm erleuchteten Fenster in den spitzgiebeligen Häuschen; in manchen standen Modell-Segelboote hinter der Scheibe. Ich hatte auch das Schild mit der Aufschrift

»Hotel« bemerkt. Wir aber waren abgebogen aufs Hafengelände.

Es war einer dieser Orte, an denen in Filmen die Geldübergabe stattfindet. Parkplätze, Flachbauten, Container, Flutlicht hier, Finsternis dort, kein Mensch zu sehen, das einzige Geräusch: das Brummen eines Kühlaggregats. Ein falscher Schritt, und das nachtschwarze Wasser verschluckt dich, und die krächzenden Seevögel kreisen über dir. Der perfekte Ort für einen Mord.

»Na, endlich Feierabend?«, hörte ich eine Stimme aus dem Dunkel. Ein Camper trat in den Lichtkegel der Laterne. »Ja, 500 Kilometer am Stück«, antwortete ich lachend, während mein Mann das Stromkabel anschloss. »Zum Glück hat unsere Tochter geschlafen.« Ein Schwätzchen an der Nordseeluft, dann machten wir uns bereit für die Nacht an der Mole, in einer Reihe mit den anderen Wohnmobilen.

Wer braucht schon Hotels? Niemals wären wir ohne unser Monster aufgebrochen, nur um noch einmal das Meer zu sehen in diesem Jahr. Zu teuer, zu weit, zu umständlich. Und Wärme verströmten unsere Wohnmobilfenster auch – so wie die Begrüßung des fremden Campers in fremdem Hafen.

DAS FINALE –
Allein mit dem Monster

Wie viel Wohnmobil verträgt ein Mensch? Mit dieser Frage war ich gestartet, über fünf Jahre ist das nun her. Und ich war mir damals nicht sicher, ob es sehr viel sein würde. Wie viel Wohnmobil braucht ein Mensch? Mit dieser Frage ende ich.

Während ich dies schreibe, tropft es von der geöffneten Fensterklappe, und vor meiner Windschutzscheibe läuft die Nachbarin im roten Bademantel zu den Duschen. Ich aber habe mir eine dampfende Tasse Tee gemacht und warme Strümpfe angezogen, ja, ich habe sogar den Innenraum mit der neuen Solarlichterkette geschmückt, bunte Glühbirnen, türkis, rosa, gelb, orange. Leider leuchten sie nicht. Die Kette muss auf Sonne warten, so wie ich. Trotzdem bin ich fröhlich. Denn ich bin gerade in den Flitterwochen – mit dem Monster.

Natürlich kann man sagen, das sei keine große Sache. Ich habe einfach das Wohnmobil gepackt und bin losgefahren. Auf der anderen Seite ist das Wohnmobil eben fast acht Meter lang. Das ist so groß wie ein kleiner Riesenhai. Und wenn man am Steuer sitzt, sitzt man sehr hoch. Es ist dieses Gefühl von Erhabenheit, von dem mein Mann immer spricht, und erhaben fühlte ich mich auch, als ich gestern aufbrach zu meiner ersten Tour allein mit unserem Wohnmobil.

Kurz zuvor hatte mich plötzlich die Nervosität gepackt. Natürlich habe ich eine gewisse Fahrpraxis, seitdem ich das Sicherheitstraining bei Walter absolviert habe. Autobahn, Landstraße, Dorfstraße, alles kein Problem. Doch rückwärtsfahren, in Parzellen hineinzirkeln, enge Zufahrten nehmen, das ist eine andere Liga mit dem Monster.

Zur Vorbereitung meiner Tour hatte ich deshalb neue Suchbegriffe eingegeben: »großzügige Stellplätze« zum Beispiel. Zwischendurch hatte ich sogar die verrückte Idee gehabt, an unseren allerersten Campingplatz zu fahren. »Schnauze gen Mosel«, hatte ich auf unserer Jungfernfahrt damals notiert.

»Fahr doch zum Rewe«, hatte mein Mann vorgeschlagen, kurz vor meiner Abfahrt. »Der Parkplatz ist groß.« Sollte ein Scherz sein, denke ich. Er war eben auch nervös. Fünf Ratschläge gab er mir mit auf den Weg: langsam fahren, frühzeitig den Blinker setzen, im Zweifel aussteigen beim Rangieren und sich bloß nicht um den Verkehr im Rücken kümmern. Ach ja, und: »Fahr nicht in die Dunkelheit hinein!«

Dann legte er mir noch eine Abschiedsgabe auf den Beifahrersitz: einen Notizblock mit Stift, eingefasst in eine stabile Plastikbox. Fand ich eigentlich ganz süß. Natürlich, es war ein Werbegeschenk gewesen, aber es kommt doch auf den ideellen Wert an. Er wusste ja, dass ich etwas erleben und notieren wollte, und ich liebe diese Geschenke mit Hintersinn. Die Firma, die auf der Plastikbox für sich warb, mit Telefonnummer, war spezialisiert auf »Autolackiererei« und »Unfallreparatur«. Dort hatten wir mal einen kleinen Kratzer in der Seitenwand professionell beseitigen lassen.

Als ich die Kolonne, die sich in den ersten zehn Minuten hinter mir versammelt hatte, abgehängt hatte (einfach beschleunigen, wenn die Ampel auf Gelb umspringt), streckte ich den Unterarm übermütig zum Fenster hinaus und kühlte die Handflächen im Fahrtwind. Ich war in einer Stimmung, in der ich alles auf mich bezog. Die Sonne schien für mich, um das Mittelgebirge zu verzaubern, und als mich gleich mehrere Autos anhupten, fühlte ich mich so jung und attraktiv wie schon lange nicht mehr und wechselte gut gelaunt auf die rechte Fahrspur.

Während ich im getupften Kleid ins Blaue fuhr beziehungsweise ins Grüne, merkte ich, dass ich nicht weit entfernt war von dem Bauernhof, auf dem mein Mann und ich unsere Hochzeit gefeiert hatten. Ach, dachte ich, ich schau mal wieder nach unserem Baum, den wir damals am Wegesrand gepflanzt haben. Das passt doch gut, drei Tage vor unserem neunten Hochzeitstag. Ob der Baum dieses Jahr Äpfel trägt? Vielleicht kann ich sogar auf dem Stellplatz im Dorf übernachten.

Dieser allerdings hat seine Tücken, wie ich von einem früheren Besuch mit meinem Mann wusste. Nicht nur, dass man sich an parkenden Autos vorbeischlängeln muss. Im Grunde, so empfinde ich es, ist der Stellplatz ein Beispiel für passiv-aggressive Stadtplanung. Denn in seiner unmittelbaren Nähe befinden sich Sportanlagen für Hammerwerfer.

»Kommt der bis hierher?«, hatte ich damals den Trainer gefragt, der die hammerwerfenden jungen Frauen betreute, die sich mit ihrem Geschoss schwindelig drehten. Seine Antwort und die Kugeln, die – vorsichtig gesagt – nicht alle die vorgesehene Flugbahn nahmen, ist mir im Gedächtnis geblieben. »Unwahrscheinlich, aber möglich«, hatte der Trainer gesagt und gegrinst. Wie ich fand: teuflisch.

Im Vorüberrollen warf ich einen Blick auf den Stellplatz, da war sie wieder, die Anlage mit den Netzen, aber, zack, da war ich auch schon vorbei und musste eine kilometerlange Runde über die Hügel fahren. Noch aber war ich nicht bereit aufzugeben.

Als ich mich zum zweiten Mal mit dem Monster ins Dorf schob, rechts die Kirche, in der wir Stadtkinder getraut worden waren, sah ich doch tatsächlich unseren damaligen Pfarrer am Straßenrand stehen.

»Erinnern Sie sich noch an mich?«, rief ich zum Fenster des Wohnmobils hinaus, während ich abbog, denn hinter mir war, wie ich feststellte, ein Linienbus. »Ich versuch mal zu halten.« »Ja, ja, natürlich!«, hörte ich noch, und eigentlich hätte ich diesem freundlichen Herrn gern die letzten neun Jahre unseres Lebens erzählt, wie groß unsere Mini-Camperin schon geworden ist, dass wir immer noch zu dritt »Küsschenkreis« machen, im Wohnmobil wie zu Hause, dass es uns oft am besten im Monster geht, aber da war eben der Bus, der mich erneut die ganze große Runde über die Hügel und Felder vor sich hertrieb, und als ich das dritte Mal zu unserem Apfelbaum vorstoßen wollte, läuteten schon die Glocken, und unser Pfarrer war in der Kirche verschwunden.

Um es abzukürzen, unser Apfelbaum trug Äpfel, doch der Parkplatz am Waldesrand war enger, als ich ihn in Erinnerung hatte. In einem Telefonat mit meinem Mann erörterte ich kurz das bevorstehende Wendemanöver (Kontrollfrage meines Mannes, der im Geiste immer beim Überhang unseres Wohnmobils ist: Ist das Feld gerade gemäht?), und von diesem Punkt an verdichtete sich diese Spritztour zu einem Trip, der alle Anteile einer echten Tour in sich trug.

Zunächst folgte ich dem Tipp jenes Spaziergängers, der mich beim Zurücksetzen Richtung Feld unterstützt und sich als Wohnwagen-Camper zu erkennen gegeben hatte, und spürte den Nervenkitzel, als ich mich im Abendlicht auf den Weg machte, hinaus in unbekanntes Terrain.

Kurz folgte ich auch der Vernunft, als ich den Tipp jenes Campers wieder verwarf und mich an den Ratschlag meines Mannes erinnerte, nur im Hellen zu fahren. Doch als ich einen Stellplatz an einem Schwimmbad ansteuerte, der sich auf einem Foto als leicht zugänglich präsentiert hatte, war das Bild, das sich dort bot, so bedrückend, dass ich umdrehte und die trostlosen Camper auf trostlosem Asphalt zurückließ.

In tiefster Finsternis fuhr ich durch finstersten Wald, bereit, das Schicksal anzunehmen, das mich nun erwarten würde. Würde es ein Reh sein, eine Fahrzeugpanne? Es waren Kilometer, in denen das Monster und ich zusammenwuchsen, wir zwei, wie Hänsel und Gretel. Aber ich fühlte mich gut. Die eigentliche Prüfung, das wusste ich noch nicht, stand mir noch bevor. Denn die Hexe war, wieder einmal, das Navi.

Im Grunde hätte alles ganz einfach sein können, einfach beherzt durch den mittelalterlichen Torbogen hindurch, über die Brücke und rechts ab zum Campingplatz. Das Navi aber führte mich links im Karree durch vollgeparktes Wohngebiet. Ich weiß nicht, wie oft ich ausgestiegen bin auf diesen letzten 2000 Metern im Dunkeln, aber irgendwann machte ich tatsächlich den Motor aus und stand. Mit 4,2 Tonnen auf dem Campingplatz, Monster an Monster.

Womit ich nicht gerechnet hatte, war, dass mein Mann mich bis hierher verfolgt hatte. Also bildlich gesprochen. »Ich bin der gute Geist des Wohnmobils«, sagt er gern, und dieser Geist wirkte noch in seiner Abwesenheit nach, wie ich mitten in der Nacht wutentbrannt feststellte.

Damit Sie verstehen, was ich meine, muss ich kurz erklären, dass mein Mann Beobachtungen aus dem Wohnmobil gern zur

Charakterfrage macht. Ich zum Beispiel, sagt er, sei ein »Teil-Spülungstyp«. Nur weil ich den Abwasch in Portionen aufteile, die man noch im Spüleimer über den Campingplatz schleppen kann. Und die erste Portion erledige und die zweite für einen späteren Zeitpunkt und einen anderen Fahrzeuginsassen aufhebe. Doch so wie mein Mann »Teil-Spülung« sagt, klingt es irgendwie unseriös.

Ich dagegen finde es zwanghaft, immer eine sogenannte Voll-Spülung durchzuführen, wenn man dabei die letzten Sonnenstrahlen verpasst. Schon das Wort ist doch albern.

Und jetzt, stellte ich fest, hatte er mir doch tatsächlich mein Gatter weggenommen. Also das Sicherheitsnetz, das unsere Tochter vor dem Rausfallen aus dem Heckbett schützen soll. Auch das Brett, das die beiden Betten miteinander verbindet, war weg! Ebenso die Leiter! Nur weil ich im Vorübergehen gesagt hatte, dass ich nur einen Teil, also meinen Teil des Heckbetts beziehen wolle, schließlich bräuchte ich die anderen Teile ja nicht.

Das wiederum hatte mein Mann zum Anlass genommen, eine Komplettlösung nach seinen Vorstellungen umzusetzen, ja, im Grund hatte er den ganzen Heckbereich zu einer Art Einzelkabine mit Abgrund umgebaut, zur Schonung der zweiten Betthälfte, und ich lag da auf meiner Matratze und konnte nicht einschlafen, weil ein Bein im Abgrund hing. So konnte ich mich einfach nicht entspannen, das hier war nicht mein Bett, nicht das Bett, wie ich es seit fünf Jahren kannte. Wahnsinn, fluchte ich nachts vor mich hin, jetzt ist er noch nicht einmal da und bringt mich trotzdem auf die Palme.

Nun gut, ohne Verzeihen geht es nicht in der Beziehung. Immerhin hat er der Lichterkette zugestimmt. Nach fünf Jahren Dunkelheit unter der Markise. Das sind so meine Gedanken, während ich an meinem Tee nippe und die bunten Glühbirnen betrachte. Aha, die Frau im roten Bademantel ist vom Duschen zurück.

Ist das herrlich ruhig hier, fast meditativ. Allein dieser Blick durch die Windschutzscheibe: Ein Flusskreuzfahrtschiff zieht vorbei, Menschen stehen auf ihren Kabinenbalkons und schauen auf den Campingplatz, der Campingplatz schaut zurück, ich auch.

Fast ein bisschen sehr ruhig. Und leer. Keine Mini-Camperin, die jubelt: »Guck mal, Mama!«, während sie mit beiden Beinen von der winzigen Stufe im Wohnmobilflur hüpft und das ganze Fahrzeug zum Schwingen bringt. Keine morgendliche Umarmung vor der Kaffeemaschine, kein liebevoll servierter Kaffee und kein Mann, der so verrückte Sätze sagt wie: »Papa soll die Giraffenunterwäsche anziehen?« Nur damit die Mini-Camperin aufschreit, ihr Giraffen-Hemdchen an sich reißt und endlich aus dem Schlafanzug kommt.

Da, ein Sonnenstrahl! Jetzt aber raus aus dem Womo, ans Wasser!

Hier also stehe ich heute. Vor mir eine Entenfamilie, eine Burg, neben mir ein Kastenwagen, ein Vorzelt. Moment, ein Vorzelt? Gar nicht so schlecht, diese weißen Planen, die seitlich an der Markise befestigt sind, denke ich. Guter Windschutz. Und merke in demselben Moment, wie weit der Fluss des Lebens mich weggetrieben hat von meinem alten Ich, als mein Mann, der damals noch nicht mein Mann gewesen ist, mir vorgeschlagen hatte, meinen Job zu kündigen und eine Vorzelt-Kolumne zu schreiben. Was für eine absurde Idee, dachte ich damals. Aber Humor hat er.

»Und – wo geht's jetzt hin?«, fragt die Frau an der Rezeption, nachdem ich mich vom Flussufer losgerissen habe. »Nach Hause«, sage ich. »Ach, und ich dachte, Sie wollen so richtig …« – »So richtig durchbrennen?«

Noch einmal werde ich Teil einer Kolonne, doch dieses Mal bin ich nicht der Anfang, sondern das Ende, eine nervenraubende Position. Erst der Mülllaster, dann der Schwertransporter mit dem Betonpfeiler, dann ich, so nähern wir uns unserem Wohnort, und als ich zu Hause ankomme, ruft unsere Tochter: »Toll fahren, Mama! Schafft!« Mein Mann sagt: »Schön, dass ihr beide wieder da seid!«, und kontrolliert unauffällig die Außenwände.

Ich aber bin so euphorisch, dass ich weitere längere Ausflüge ohne Familie ankündige, woraufhin mich mein Mann mit demselben Satz zum Verstummen bringt, den ich seinerzeit bei ihm angewandt habe. »Ich mach die Parkkralle dran.«

Eigentlich wäre die Geschichte an dieser Stelle zu Ende gewesen, hätte es nicht wenig später diese Szene im Wohnzimmer gegeben: Als wir am Abend unseres Hochzeitstages auf dem Sofa saßen, um neun Jahre Liebe, Ehe und frei gewählte Parkkralle zu feiern, fiel mir siedend heiß ein, dass ich noch die regennassen Outdoorteppiche in der Heckgarage liegen hatte. Kaum hatte ich die Worte ausgesprochen, ließ mich mein Mann sitzen. Wortlos nahm er den kürzesten Weg durch die Terrassentür und klopfte nach einem Blick in die Heckgarage energisch an die Fensterscheibe.

Vor meinen Augen leerte er den Liter Wasser aus, der sich in der Tüte mit den Outdoorteppichen gesammelt hatte, und sagte so ruhig, wie es ihm möglich war am Abend unseres Hochzeitstages: »Da hätten wir schon ein Problem gehabt.«

Ich aber dachte weder an einen Wasser- noch an einen

Totalschaden, sondern an meine erste Nacht mit dem Monster. Gerne hätte ich mir an jenem Abend einen Cocktail im Klappstuhl gegönnt, aber der Stuhl war so fest verzurrt gewesen in der Heckgarage, dass ich mich stattdessen auf den gepunkteten Matten niederließ und mir eine Apfelschorle einschenkte. Im Plastikweinglas. Berauscht von meiner ersten Tour am Steuer saß ich im Schneidersitz vor meinem Wohnmobil und schaute in den Himmel.

Es war alles so wie vor fünf Jahren, das Wohnmobil stand Schnauze gen Fluss, es wehte ein leichter Wind, und doch war alles anders: Dort oben leuchteten die Sterne, und hier unten, da leuchteten wir. Das Monster mit seiner Lichterkette und ich.

DER FRAGEBOGEN –
Paartherapie auf der Autobahn

Spüren Sie mal in sich rein –
vor der nächsten Ausfahrt!

Sie sind nicht mehr ganz frisch verheiratet, aber lieben sich immer noch? Sie wollen miteinander im Gespräch bleiben, aber sind dankbar für neue Themen? Und Sie verbringen die Zeit lieber beim Campen als beim Therapeuten? Dann habe ich etwas für Sie: 50 Fragen für gemeinsame Stunden im Cockpit.

Kapitel A: Selbstwahrnehmung und Fremdwahrnehmung

1. Im Wohnmobil erinnerst du mich immer an dieses Tier:
2. Was, glaubst du, ist unseren Stellplatznachbarn an uns aufgefallen?
3. Ist das gut? Können wir das ändern? Wollen wir das überhaupt?
4. Was sagt der Grundriss unseres Wohnmobils über uns aus?
5. Reden wir im Wohnmobil anders miteinander als zu Hause?
6. Findest du, ich entwickele mich im Wohnmobil zum Guten oder zum Schlechten?
7. Was, glaubst du, nervt unser Kind am meisten an uns?
8. Wie würdest du auf einer Skala von 1–10 deine Redseligkeit auf dem Campingplatz einstufen? Und meine?

9. Ist dir das zu viel? Soll ich irgendetwas nicht mehr erzählen?
10. Wann hast du diesen Urlaub gedacht: Das sind wieder mal typisch wir?

Kapitel B: Geheime Wünsche und Bedürfnisse

1. Das hätte ich gern im Urlaub gemacht, wenn ich nicht gewusst hätte, dass du dann explodierst:
2. Würdest du gern mal eine Tour allein machen mit dem Wohnmobil?
3. Diesen Ausrüstungsgegenstand wünsche ich mir zum Hochzeitstag:
4. Und zu Weihnachten nehme ich:
5. Gibt es etwas, das wir ändern sollten, damit du mehr vom Urlaub hast?
6. Es gibt eine Sache, die im Wohnmobil passiert ist, von der du nicht weißt, nämlich ...
7. Woran würdest du im Notfall sparen – am Diesel oder am Essen?
8. Kannst du dir eine andere Familie vorstellen, mit der wir im Urlaub Kolonne fahren?
9. Gibt es jemanden, bei dem du im Camper mitwohnen würdest? Und würdest du jemanden bei uns mitwohnen lassen?
10. Beneidest du manchmal andere Camper? Wofür?

Kapitel C: Beziehungs- und Campingzufriedenheit

1. Bin ich dir eine Hilfe beim Einweisen in eine Parklücke?
2. Warum streiten wir uns jetzt wieder?
3. Zu welcher Tageszeit regst du dich am meisten über mich auf?

4. Und wann gelingt es dir, meine Eigenarten mit zärtlicher Nachsicht zu sehen?

5. Findest du, unsere Aufgaben im Wohnmobil sind gerecht verteilt?

6. Welche war die beste Stunde unseres Urlaubs für dich?

7. Das müssen wir bei der nächsten Tour anders machen:

8. Wann bist du im Urlaub angekommen?

9. Ab welchem Punkt wird es dir zu viel im Wohnmobil?

10. Welcher Streit, den unsere Stellplatznachbarn mitbekommen haben, ist dir besonders peinlich? Warum?

Kapitel D: Rückblick und Zukunftsperspektiven

1. Gibt es einen Punkt auf unserer Tour, an dem wir anders hätten abbiegen sollen? Und in unserem Leben?

2. Wer hat mehr Narben des Lebens davongetragen – das Wohnmobil oder wir?

3. Würden wir uns heute noch einmal ein Wohnmobil kaufen/mieten?

4. Haben wir die Träume, die wir beim Kauf des Wohnmobils hatten, verwirklicht?

5. Haben wir ein Fahrzeug, das zu uns und unseren Zielen passt?

6. Können wir weniger arbeiten, um mehr zu campen?

7. Werden wir weiter campen, wenn die Kinder nicht mehr mitfahren?

8. Falls ja – werden wir mit 75 Jahren noch im Wohnmobil sein?

9. An diese drei Orte müssen wir irgendwann zurückkehren:

10. Wo liegen Spaß und Leid ganz nah beieinander auf unseren Touren?

Kapitel E: Wertschätzung und Bekenntnis

1. Wofür bist du mir dankbar?
2. Welches Glück ist uns dieses Mal beim Campen widerfahren, das wir sonst nicht erlebt hätten?
3. Was, denkst du, lernt unser Kind beim Campen?
4. Gibt es etwas, das wir uns nach der Tour bewahren sollten für die Zeit zu Hause?
5. Das ist für mich der Spruch unseres Urlaubs:
6. Das sind die Songs unserer Touren:
7. Das war wieder so ein Moment, in dem ich froh war, dass wir uns haben:
8. Mal ehrlich, würdest du das nächste Mal lieber anders Urlaub machen?
9. Kann ich dir jetzt gerade etwas Gutes tun?

»Fällt Dir noch 'ne Frage ein?« Erwartungsvoll schaue ich zu meinem Mann.

Und dann stellt er, ganz beiläufig, die Frage aller Fragen: »Warum nimmst du uns eigentlich immer wieder mit nach Hause? Ich meine: Du könntest uns ja auch einfach stehen lassen.«

Der Handstaubsauger

Neulich im Wohnmobil schaute ich kurz auf und sah meinen Mann, wie er den Handstaubsauger im Arm hielt und den Kopf leicht Richtung Saugrohr neigte. »So«, sagte er mit geschlossenen Augen, »möchte ich irgendwann mal aufgebahrt werden.« Ein ungewöhnlicher Wunsch, aber ich finde, man muss so etwas respektieren.

Außerdem hat mein Mann eine besondere Beziehung zu dem Gerät. Er hat es gekauft, er lädt es in jeder freien Minute, und zwar immer dann, wenn ich endlich mein Handy ans Kabel hängen will, und er saugt in einer Tour, auch, wenn ich gerade ein schreckhaftes Lämmchen vor dem Wohnmobilfenster fotografieren möchte, auf das ich anderthalb Tage lang gewartet habe.

Mittlerweile sauge ich auch. Nicht ganz so inbrünstig, aber auch ich spüre eine gewisse Befriedigung, wenn die Krümel im Wohnmobil mit gefühlter Lichtgeschwindigkeit im Schlund verschwinden. Und mir gefällt diese Dissonanz, die sich durch das Sauggeräusch einstellt und die dem Leben eine zweite Ebene gibt. Zum Beispiel, wenn ich gerade im winzigen Bad stehe und höre, wie unsere Tochter im Duett mit Leonard Cohen lauthals »Hallelujah« singt. »Luuujaah ... luuujaah«, schmettert sie, und bevor ich vor Rührung die Zahnbürste sinken lasse, dreht der Sauger auf, und ich wünsche mir nur eines: Dass wir noch ewig zusammen campen und leben und saugen.

NACHWORT –
Was bringt die Zukunft?

Bei unserer letzten Sommertour habe ich eine Butterdose für unser Wohnmobil gekauft, ein Top-Produkt, made in Switzerland, aus hochwertigem Kunststoff, spülmaschinenfest und mit einem sagenhaften Versprechen auf der Banderole.

»Schau mal«, sage ich zu meinem Mann, »30 Jahre Garantie!«

Die Frage ist nur: Wo sind wir, wenn die Butterdose noch da ist?

Einmal sah ich einen Rollator vor einem Wohnmobil stehen. Doch so weit, glaube ich, würde ich nicht gehen.

Auf jeden Fall haben wir noch Träume. Und für diese kleinen und großen Träume haben wir angefangen Lotto zu spielen. Jeder von uns bekam ein Feld auf dem Lottoschein: unsere Tochter, mein Mann, das Monster und ich. Im Wohnmobil-Feld trugen wir die Zahlen unseres Kennzeichens ein und den Camper-Geburtstag. Seitdem warten wir und sparen. Auf Hubstützen oder Verschiffungen nach Island und Amerika. Oder gar ein anderes Monster am Horizont?

Manchmal denke ich, es wäre schön, wieder nur privat unterwegs zu sein. »Hey, ist das nicht Camping-Sandy? Da drüben im Bademantel?« So spielt mir mein Mann regelmäßig die

Szene vor, bei der es mich schüttelt. Manchmal spricht er sogar mit verschiedenen Stimmen. Gern wäre ich wieder nur ein Bademantel unter Millionen, ohne die Gefahr, erkannt zu werden. Sie wissen mittlerweile ja doch eine Menge über uns. Das nächste Buch übrigens, hat mein Mann angekündigt, werde er schreiben. Und ich bekäme dann ein Kapitel: »Jetzt spricht sie!« Nun ja, wir werden sehen.

Zum Schluss aber will ich noch einmal ernst werden und Ihnen von einem Moment erzählen, in dem sich alles verdichtete, was Familiencamping für mich ausmacht. Es war bei unserer Tour an die Nordsee, der letzten, bevor das Wohnmobil in seiner Winterhalle Zuflucht suchen würde vor Eis und Schnee, der letzten auch vor der Abgabe dieses Manuskripts.

Wir standen in einem holländischen Städtchen und spürten die Müdigkeit in den Knochen. Den Tag über hatten wir dem Nebel getrotzt, waren kreuz und quer über den Strand gerannt, um einen fluglahmen Drachen in die Luft zu befördern, was immer nur so lange gelang, bis sich die Schnüre verzwirbelten und unsere Tochter dem bunten Geflatter entgegenlief, anstatt es hinter sich herzuziehen.

Ihr Ehrgeiz hatte, wenn man ehrlich ist, ohnehin nicht dem Drachen gegolten, sondern dem Mützenwurf. Würde sie schneller, wendiger und geschickter sein als ihr Vater? Würde sie es schaffen, die rückwärts hüpfende Mutter hinter sich zu lassen, die immerzu in den Himmel rief: »Guck mal, wie er tanzt!«? Kurz: Würde sie genügend Vorsprung gewinnen für den Sprint ans Wasser und den Wurf in die Wellen?

Das waren unsere Wirrnisse des Tages gewesen, nun aber, am Abend, hatte jeder seinen Platz eingenommen: die nasse Mütze in der Heckgarage, unsere Tochter und ich auf den gedrehten Vordersitzen, ich mit Blick auf den unvermeidlichen

Laptop, sie mit Blick auf den unvermeidlichen Elefanten und mein Mann am Herd – mit Blick aufs Risotto.

Der Duft von gebratenem Knoblauch, von Möhre und Schinken waberte durchs Fahrzeug, die Heizung wärmte, die Butterreste aus der alten Butterdose schmolzen in der Pfanne, und die neue Dose stand schon bereit, um eine neue Ära einzuläuten. In diesem Moment war die Welt in Ordnung, unsere Welt zu dritt, die unserer Tochter eben deshalb so gefällt, weil sie so überschaubar ist zwischen Spielzeugfach und Abendbrotteller, so vertraut zwischen Rollo hoch am Morgen und Rollo runter am Abend, so geschützt und beschützt zwischen Mama und Papa und den Wänden des Wohnmobils.

Und während ich so saß und schaute, hinaus auf den Stellplatz und hinüber zu diesen beiden Menschen, die nicht nur die Hauptpersonen unserer Monstertouren sind, sondern auch die Hauptpersonen meines Lebens, dachte ich darüber nach, wie froh ich bin über unsere Entscheidung, die wir vor mehr als fünf Jahren trafen: uns künftig campend durchs Leben zu schlagen.

Natürlich gelingt das nicht mühelos, natürlich stimmt auch der Satz, den eine Frau mal auf einer Campingmesse zischte, als sie an einem Wohnmobil vorüberging: »Voll unpraktisch, mir da so ein Viech anzuschaffen!« Auf der anderen Seite: Auch Viecher kann man liebhaben. Zumal, wenn sie Monster sind.

Deswegen leuchtete mir auch einer der vielen Ratschläge meines Mannes sofort ein. Das Elektronikfach, hatte er einmal gesagt, solle man immer abschließen, ob tags oder nachts. »Das ist«, hatte er begonnen, und ich hatte seinen Satz vollendet: »Das ist das Herz des Wohnmobils.« Und das Wohnmobil ist der Mittelpunkt unseres Familienlebens.

Der Abschied vom Monster ist daher immer ein Einschnitt.

Mit ihm beginnt eine eigene Jahreszeit, nämlich die Wochen zwischen der einen Saison und der nächsten, zwischen Winter- und Frühlingscampen, und diese Wochen können lang werden, für alle von uns. Das Wohnmobil steht in seiner Halle, in Reih und Glied mit den anderen abgestellten Fahrzeugen, und sieht zum ersten Mal aus wie ein Auto. Unbehaust und unbeseelt. Wir sitzen auf dem Sofa und müssen uns erst mal zurechtfinden. Behaust, aber orientierungslos.

Mir hilft es, mit der ungewohnten Situation umzugehen, indem ich die Hallenzeit als eine Art Fastenzeit verstehe. Das Wohnmobil regeneriert, der Körper entwöhnt sich vom Campen, entschlackt. Der Geist aber geht, angestachelt vom Verzicht, schon wieder auf Monstertour. In den Norden würde ich gerne das nächste Mal fahren, habe ich mir überlegt, zu den Elchen und den Fjorden.

Mit dem Bücherschreiben ist es übrigens so wie mit dem Campen: Es macht fröhlich, auch wenn es nicht immer lustig ist. Und deswegen ist es toll, dass ich dieses Buch schreiben konnte. Und es ist gut, dass es jetzt zu Ende ist. Und ich wieder in Ruhe campen gehen kann.

Wir sehen uns – auf dem nächsten Stellplatz! Irgendwo am Meer.

DANKSAGUNG

Ich habe mich gefreut, dieses Buch zu schreiben. Denn es ist die wahrscheinlich unwahrscheinlichste Fortsetzung unserer Geschichte, die ich mir in der Schwangerschaft hätte vorstellen können. Dankbar bin ich vor allem, dass ich all das, was hier steht, erleben durfte. Dass wir drei, trotz allem, was uns am Anfang beschwert und bedrückt hat, eine kleine, glücklich campende Familie geworden sind.

»Bist du froh, dass ich so ein guter Protagonist bin?«, hat mich mein Mann irgendwann einmal grinsend gefragt. Schon für diese Frage könnte ich ihn gleich noch mal heiraten. Klar ist es praktisch als Kolumnen-Schreiberin, wenn man mit dem Mann mit den besten Zitaten zusammenlebt. Aber noch besser ist es, dass wir uns gemeinsam ins Lachen retten können, wenn alles wieder mal ein bisschen viel ist, im Leben jenseits der Kolumne.

Dass sich der erste kurze Text über unser Wohnmobil, den ich im September 2021 spontan schrieb, zu einem Monster-Buch auswachsen durfte, liegt an den vielen Monster-Freunden, die uns seitdem begleitet haben. »Wie willst du genannt werden?«, habe ich auf einem Sommerfest mal meinen ehemaligen Chef gefragt, Janko Tietz, der heute Ressortleiter Deutschland/Panorama beim SPIEGEL ist. »Der Patenonkel des Monsters?« – »Nee«, antwortete Janko. »Wie heißen noch mal die Mechaniker, die bei der Formel 1 den Boxenstopp machen?«

Ob Pate oder Formel-1-Mechaniker, auf jeden Fall war Janko der Erste, der das Monster rollen ließ, von Folge zu Folge, und als Dank dafür würde ich ihm sogar ein paar unserer Lieblingsplätze verraten, die harte Währung unter Campern: Geheimtipps.

Es war aber nicht nur Janko, sondern es waren viele Kolleginnen und Kollegen beim SPIEGEL, die das Monster am Laufen hielten. Manche bat ich: »Bitte sag mir Bescheid, wenn es nicht lustig ist!« (Danke, Peter!), andere fragte ich, als ich mit einem Buchkapitel haderte: »Kannst du mal schauen, ob das so funktioniert?« (Danke, Maren!) Manche wurden treue Monster-Freundinnen (Danke, Eva und Julia!), andere schrieben mir ein paar Zeilen, wenn sie eine Folge im Netz gelesen hatten, sodass ich Ihnen eine Exklusivnachricht stecken kann: DER SPIEGEL campt! (Okay, nicht alle, aber manche.)

Bedanken möchte ich mich auch bei meiner Ressortleitung im »Leben«, die das Buch immer unterstützt hat: bei Frauke Lüpke-Narberhaus, die für alle immer ein offenes Herz und Ohr hat, auch für Monster. Und die selbst viele schöne Kindheitserinnerungen an Campingplätze hat. Bei Malte Müller-Michaelis, der mit seiner gut gelaunten Gelassenheit auch jederzeit einen Campingplatz führen könnte. Und bei Antje Blinda, Teamleiterin Reise, die dem Monster immer gern einen Platz eingeräumt hat – obwohl sie selbst, als überzeugte Zelterin und Kajakfahrerin, Wohnmobile eher gewöhnungsbedürftig findet, oder, Antje?

Eines der Dinge, über die ich mich am meisten gefreut habe, waren die Nachrichten der Leserinnen und Leser, die mich seit

Beginn der Monster-Serie erreicht haben. Manche lasen gern über unsere Familie, über das Leben mit einem Kind mit Downsyndrom, manche kannten mich und unsere Tochter »Marja« sogar noch von meinem ersten Buch (»Das ganze Kind hat so viele Fehler«, Untertitel: »Die Geschichte einer Entscheidung aus Liebe«. Marja war der Name, den ich unserer Tochter im Buch gab). Andere wiederum lasen gern über die Freuden und Schrecken des Campinglebens. Auf jeden Fall ist mit der Zeit eine »Monster-Community« entstanden, die uns auf unseren Reisen und in unserem Leben begleitet. Und auch all denen, die im Geiste dabei sind, wenn wir unterwegs sind, gilt mein Dank. Es ist tatsächlich ein schönes Gefühl zu wissen, dass Sie sich daran freuen, wenn wir uns freuen!

Dass ich einen Teil unseres Lebens jetzt ins Wohnzimmerregal stellen kann, dafür möchte ich mich bei den Kolleginnen vom SPIEGEL-Buchverlag Angelika Mette und Antje Wallasch bedanken. Und natürlich bei meiner Lektorin Elisabeth Schmitten, die dafür gesorgt hat, dass das Monster nach dem letzten Boxenstopp mit Vollgas ins Ziel gedüst ist.

Die letzten Zeilen aber gehören meinen Freunden, die mich nicht nur als Testleser, Telefonberaterin und SMS-Mutmacher bei Deadline-Panik unterstützten (Danke, Jürgen! Danke, Katrin!), sondern die schon mein halbes Leben lang an meiner Seite sind – worüber ich unglaublich froh bin.

Und sie gehören meinen Eltern, die mir immer wieder halfen, wenn ich unter einem Arbeitsberg verschwand, meiner Mutter, die uns liebgewonnene Ausrüstungsgegenstände fürs Wohnmobil schenkte und vor allem ihre Zeit. Die tapfer alle Lieblingsspiele unserer Tochter von vorne bis hinten durchspielte, während ich tippte.

Und natürlich gehören sie Christoph, der mir nicht nur einen Schlüsselanhänger für meinen USB-Stick bastelte mit dem Schriftzug »Bestsellerautorin«, dem Stick für dieses Buch. Sondern der die Größe besitzt, sich von seiner Frau mit liebevollem Spott in die Seite knuffen zu lassen – oder wie er es formulierte, als ich mir kurz vor Abgabe die Haare raufte: »Drei Tage noch, dann hast du mein Leben ruiniert.«

Wissend, dass er der eigentliche Held dieser Geschichte ist. Zusammen mit unserem Campingwunderkind.